Sonja Vogler

Die richtige Ernährung bei Bluthochdruck

130 wohlschmeckende Kochrezepte um Hypertonie erfolgreich zu senken

Rainer Bloch Verlag

Dringende Empfehlung: Lassen Sie sich vor jeder Unternehmung /Handlung von einem fachlich qualifizierten Arzt, Facharzt und/oder Heilpraktiker beraten. Arbeiten Sie auch im Ausland nur mit dort zugelassenen und praktizierenden Fachkräften wie Ärzten und geprüften Heilpraktikern mit entsprechenden Referenzen. Investieren Sie lieber etwas mehr Geld in eine ordentliche Behandlung. Wir empfehlen grundsätzlich bei allen gesundheitlichen Problemen die Konsultation eines Arztes. Begeben Sie sich in medizinische Behandlung und lassen Sie sich von erfahrenen Ärzten helfen. Alle Texte in dieser Publikation dienen nur der Information. Sie sollten nicht als Handlungsempfehlung verstanden werden. Nur fachlich qualifizierte Kräfte können Ihre Situation bzw. Ihren Gesundheitszustand korrekt einschätzen bzw. beurteilen und geeignete Empfehlungen aussprechen.

Zur freundlichen Beachtung:

Die richtige Ernährung bei Bluthochdruck
130 wohlschmeckende Kochrezepte um Hypertonie erfolgreich zu senken
Sonja Vogler
ISBN 978-3-942179-55-3
Rainer Bloch Verlag
1. Auflage, 20.11. 2019
Paperback DIN-A5

Druck: SOL-Service GmbH, Westendstraße 5, 86529 Schrobenhausen

Impressum:

Rainer Bloch Verlag, Schwetzinger Str. 4, D - 69469 Weinheim,
Webseite: www.Bloch-Verlag.de, buch@bloch-verlag.de

Inhaltsverzeichnis

Vorwort 13
Bluthochdruck 14
Verhaltensänderung senkt den Blutdruck 15
Die besten Stoffe für Ihren Blutdruck 16
Gegen Bluthochdruck ist ein Kraut gewachsen 17
Arteriosklerose 20
Was soll ich denn essen? 25
Empfehlenswerte Lebensmittel 26
Nicht empfehlenswerte Lebensmittel 31
Rezepte für eine passende Ernährung gegen Bluthochdruck 33
Das Frühstück – Power für den Tag 34
Frische Früchteschale 35
Weintrauben Müsli 35
Frische Früchte mit Mandeln 36
Himbeere-Buchweizen-Mix 36
Bananenmus mit Limette 37
Fruchtcocktail Salat mit Samen 37
Power Quark mit Datteln 38
Fruchtmix mit Gemüse 39
Hafer Müsli mit Beeren 40
Frisches Fruchtmüsli 41
Kokos Müsli mit Samen 42
Vollkorn Avocado Brot 43
Vollkorn-Kiwi-Brot 44
Nuss Müsli 45
Früchte Müsli 46
Pfirsich Joghurt 47
Birnen Joghurt 48
Erdbeere Joghurt mit Kiwi 49
Vollkornbrot mit Gurken 50
Himbeere Joghurt mit Melone 51
Vollkornbrot mit Avocado und Kresse 51
Vollkornbrot mit Tomaten 52
Vollkornbrot mit Banane 53
Hauptgerichte 54

Rucola Salat mit Birnen und Kresse 55
Grünkern Salat mit Kürbis 56
Gemüse mediterran 57
Zucchini Streifen mit Seelachs 58
Kartoffeln mit Paprika 59
Fischfrikadellen mit Joghurt 60
Farro Salat mit getrockneten Kirschen 61
Rucola Salat mit Tomaten 62
Brokkoli Avocado Salat 63
Feldsalat mit Pilzen 64
Melone Ricotta Salat 65
Fenchel Salat mit Orange 66
Limetten Reis mit Chili 67
Frischer Obstsalat mit Mandeln 68
Spargel mit Lachsfilets 69
Schafskäse mit Karottensalat und rote Beete 70
Gemüse-Omelette 71
Gemischter Salat mit Gurken 72
Frischer Reissalat 73
Leichter Kartoffelsalat mit Joghurt 74
Paprikasalat mit Apfel 75
Rotkohl Salat mit Mandarinen 76
Avocado Salat mit Birne 77
Frischer Feldsalat mit Pilzen 78
Traditioneller Kartoffelsalat 79
Reis Salat mit Orange 80
Süßer Avocado Salat 81
Blumenkohlsalat 82
Bunter Karotten Salat 83
Kartoffel mit Quark 84
Sellerie Salat mit Rucola 85
Frisches Zwiebelomelett 86
Forelle Gemüse Mix 87
Blumenkohl Brokkoli Salat 88
Leichte Forelle auf Vollkornbrot 89
Tomatensalat mit Paprika 90

Gebackene Zucchini mit Lachs 91
Linsensalat mit Tomaten 92
Champignon Omelett 93
Feurige Gemüse Pfanne 94
Feiner Kohl Salat 95
Spargel - Salat mit Reis 96
Ofenkartoffel mit Lachs 97
Blumenkohlauflauf 98
Lachs mit Gemüse 99
Kartoffel mit Avocado 100
Spargel-Toast überbacken 101
Grünes Gemüse mit Reis 102
Pfirsich Toast mit Käse 103
Gemüse Omelett mit Chili 104
Fischfilets mit Reis und Gemüse 105
Gemüse-Fruchtpfanne 106
Gebratene Curry-Bananen mit Reis 107
Reis Salat mit rote Beete 108
Reis mit Gemüse 109
Chinakohl Salat mit Mango 110
Braune Linsen mit Steinpilzen 111
Frischer Nudelsalat 113
Feine Putenfilets mit Reis 114
Bunter Bohnensalat 115
Reis-Gemüse-Mix 116
Aprikosen-Toast mit Käse 117
Suppen 118
Sauerkraut Suppe 118
Zwiebelsuppe 118
Karottensuppe mit Orange 120
Hühnersuppe 121
Knoblauch Suppe mit Zwiebeln 122
Tomaten Gurkensuppe 123
Lauchsuppe 124
Kohlsuppe mit Karotten 125
Brokkoli Suppe mit Knoblauch 126

Kraft Kartoffelsuppe 127
Dessert 128
Spinat Cocktail 128
Bananen Smoothie mit Beeren 129
Aprikosen Drink 130
Pfirsich Birne Smoothie 130
Spinat-Smoothie 131
Dark-Green-Smoothie 132
Salat-Smoothie mit Zitrone und Orange 133
Gurken-Smoothie 134
Himbeere-Smoothie 135
Erdbeere-Smoothie 136
Bananen-Creme-Smoothie 137
Dunkler-Schoko-Smoothie 138
Green-India-Smoothie 139
Zucchini-Smoothie 140
Apfel-Smoothie 141
Nektarinen-Kiwi-Quark 142
Pfirsich-Trauben-Smoothie 143
Melonen-Smoothie mit Apfel 144
Feuer-Smoothie 145
Honig-Melonen Smoothie 146
Melonen-Smoothie mit Weintrauben 147
Heidelbeeren-Avocado Smoothie 148
Himbeere-Quark 149
Orientalische Fruchtcreme 150
Pfirsich-Aprikosenquark 151
Avocado Creme mit Birne 152
Obstsalat mit Nuss 153
Pfirsich-Birnenquark 154
Mangocreme 155
Joghurt-pikant 156
Milder Obstsalat 157
Bananen-Mix mit Joghurt 158
Heidelbeeren-Quark 159
Nektarinencreme 160

Apfel-Birnen-Mix 161
Bananenshake 161
Erdbeerenquark 162
Brombeerenquark 162
Himbeere-Melonen-Creme 163
Nahrungsergänzung 164
Bildnachweise..165

Vorwort

Sie regen sich oft auf, essen gern deftig, trinken regelmäßig Alkohol und bewegen sich eher spärlich? Die Couch ist Ihr liebster Platz?

Dann sind Sie ein Kandidat für Bluthochdruck.

Unsere Adern sind wertvolle Bestandteile des Körpers, denn der Saft des Lebens, unser Blut, muss möglichst ungehindert durch sie fließen können. Damit das reibungslos klappt, sollten sie stets dehnbar, nicht brüchig und vor allem nicht mit Fetten, Ablagerungen und Plaque verstopft sein.

Die stillen Killer heißen Bluthochdruck und Arteriosklerose. Die Verengung der Gefäße kommt schleichend. Betroffene bemerken erst einmal nichts, aber die Gefahr besteht, dass die Krankheit soweit voranschreitet, dass ernsthafte Folgen wie ein Schlaganfall oder ein Herzinfarkt drohen können bzw. wahrscheinlicher werden. Wenn dann noch ein hoher Blutdruck oder Diabetes dazu kommen, verschlechtern sich die Chancen dramatisch.

Tückisch ist die lange Dauer der Beschwerdefreiheit. Wer bereits mit Einschränkungen zu kämpfen hat, sollte sofort reagieren und radikal umsteuern.

Leider muss Bluthochdruck als typische Krankheit der modernen Zivilisation bezeichnet werden. Ohne reichhaltige Ernährung im Überfluss und vor allem falsche Ernährungsgewohnheiten könnte sie sich kaum etablieren. Da es uns aber „gut“ geht, haben immer mehr Menschen mit den Folgen einer zu fettreichen und zu kalorienreichen Nahrungszufuhr zu kämpfen. Übergewicht ist daher eine Plage dieser Zeit, welche leider weitreichende Folgen hat.

Essen ist eine Kunst! Viele Menschen wissen nicht mehr, wo die Grenze zu ziehen bzw. wann eine Sättigung erreicht ist. Ein zu viel an

Nahrung setzt den Grundstein des Bluthochdrucks. Schlechte Gewohnheiten bestimmen in weiten Teilen der Bevölkerung das Essverhalten. Durchbrechen Sie diesen Kreislauf!

Es geht darum Ihr Verhalten dauerhaft zu ändern und die Ursachen der Beschwerden langfristig zu bekämpfen. Das funktioniert nur mit Disziplin, Durchhaltevermögen und dem Willen, das eigene Fehlverhalten zu durchbrechen.

Nicht die anderen sind schuld. Die Quelle des Übels liegt meistens in uns.

Bluthochdruck

Ein dauerhaft hoher Blutdruck schädigt das gesamte Kreislaufsystem. Der hohe Druck führt zu einer ständigen Überbelastung des Herzens und der Gefäße. Es ist daher sehr wichtig, den Blutdruck auf ein normales Niveau (auf jeden Fall unter 140 / 90 mmHg) zu senken. Damit reduzieren Sie Ihr Risiko für Herzinfarkte oder Schlaganfälle und andere Krankheiten.

Bereits ab 140 / 90 mmHg spricht man von einem leicht erhöhten Blutdruck. Ideal sind 120 / 80 mmHg (normaler Wert). Bevor Sie Ihren Blutdruck messen, sollten Sie sich hinsetzen und etwa 10 Minuten Ruhe bewahren. Regelmäßige Messungen sind wichtig, damit man einen Überblick über den Verlauf und Spitzen bei den Werten erhält. Bei stark erhöhtem Blutdruck sind Symptome wie Kopfschmerzen, Schwindel und Abgeschlagenheit möglich.

Das sollten Sie berücksichtigen:

Jeder kann Maßnahmen gegen einen hohen Blutdruck ergreifen. Jede sinnvolle Verhaltensänderung führt zu einem besseren Wohlbefinden.

Verhaltensänderung senkt den Blutdruck

Kein Alkohol

Alkohol steigert den Blutdruck. Reduzieren Sie also Ihren Konsum möglichst auf null oder maximal einem Glas Bier oder Wein pro Tag.

Koffein

Viel Kaffee führt zu einem Anstieg des Blutdrucks. Bevorzugen Sie daher koffeinfreien Kaffee oder trinken Sie maximal drei Tassen pro Tag.

Rauchen

Jegliche Form des Rauchens erhöht den Blutdruck. Das heißt für Sie: Absoluter Verzicht. Kein Tabakgenuss.

Verzicht auf Salz

Falls Ihr Bluthochdruck auch mit Salz zusammenhängt, sollte vor alle mit Kräutersalz gewürzt werden. Kochen Sie verstärkt mit Kräutern und verwenden Sie möglichst wenig Salz.

Wasserversorgung

Trinken Sie über den Tag genügend Wasser (2-2,5 Liter). Dabei sollten Sie idealerweise pro Stunde etwa 0,2 Liter trinken.

Kein Zucker

Zucker erhöht den Blutdruck. Eine Reduktion des Konsums ist also unbedingt nötig. Vermeiden Sie stark zuckerhaltige Speisen und steigen Sie auf Stevia um.

Blut spenden

Regelmäßige Blutspenden senken den Blutdruck effektiv.

Schwarzkümmel Öl

Dieses Öl hat sich wirksam gezeigt. Nehmen Sie immer wieder Schwarzkümmelöl in kleinen Einheiten ein.

Die besten Stoffe für Ihren Blutdruck

Omega 3 Fettsäuren (z.B. frischer Fisch, Fischöl, Samen)

Kalium (z.B. Bananen, Nüsse, Hülsenfrüchte)

Vitamin D (Nahrungsergänzung, Sonnenlicht)

Magnesium (z.B. Vollkornprodukte, Hülsenfrüchte)

Folsäure (z.B. Hülsenfrüchte, Gemüse)

L-Arginin (z.B. Nüsse, Mandeln, Sojabohnen, Seefisch)

Resveratrol (z.B. rote Trauben, Himbeeren, Pflaumen)

Nitrat (z.B. Spinat, Feldsalat, Kohl, rote Beete)

Gegen Bluthochdruck ist ein Kraut gewachsen

Verschiedene Heilpflanzen können den Blutdruck merklich senken und sind daher eine sinnvolle Ergänzung der traditionellen Therapie.

Kardamon

Der grüne Kardamon senkt den Blutdruck und verdünnt das Blut. Bei regelmäßiger Anwendung entstehen daher weniger Gerinnsel. Es werden pro Tag 3 Gramm Kardamonpulver empfohlen.

Leinsamen

Leinsamen sollte dauerhaft konsumiert werden. Dann treten senkende Effekte bei Blutdruck ein. Dazu wird der Körper mit wertvollen Ölen sowie Alpha Linolensäure versorgt, die ebenfalls den Blutdruck senken.

Zimt

Wer etwa 1,2 Gramm Zimt pro Tag zu sich nimmt, kann den Blutdruck damit senken. Zimt hilft auch bei Diabetes, den Blutzucker zu senken.

Weißdorn

Weißdorn Präparate werden u.a. bei Herzschwäche angewendet. Er wirkt gegen Entzündungen, senkt Blutfettwerte, erweitert die Gefäße und verdünnt das Blut, sodass es besser fließen kann.

Kokoswasser

Niemand vermutet eine Wirkung bei Kokoswasser, doch in der Praxis zeigt sich, dass vor allem die enthaltenen organischen Säuren u.a. bei der Senkung des Blutdrucks helfen können.
Zusätzlich werden Insulinspiegel, Blutzucker und die Triclyzeride im Blut gesenkt.

Hibiskusblüten

Getrocknete Blätter des Hibiskus ergeben einen wirksamen Tee gegen Bluthochdruck. Die wertvollen Inhaltsstoffe ermöglichen bei dauerhaftem Genuss durchaus beachtliche Erfolge. In Studien berichten Experten von Senkungen des Drucks um bis zu 30%. Der Tee kann täglich warm und kalt genossen werden.

Cranberries

Laut den Forschern der University of Massachussetts haben Cranberries in Verbindung mit Oregano großes Potenzial, wenn es um die Senkung des zu hohen Blutdrucks geht.

Das senkt den Blutdruck:

- Gemüse und Obst
- Bananen (Kalium)
- Kiwis (Lutein)
- Ananas (Blutverdünnung)
- Wassermelone (weitet Gefäße)
- Kartoffeln (Kalium)
- Rote Beete (Nitrat)
- Tomaten (Lycopin)
- Datteln (Kalium)
- Rosinen (Kalium)
- Wasser, Früchtetee, Kräutertee
- Würzen mit Kräutern statt Salz
- Frischer Fisch und wenig Fleisch
- Gesunde Öle wie Olivenöl, Rapsöl, Sesamöl
- Kakao (hochwertige Bitterschokolade)
- Grüner Tee
- Schwarzer Tee

Das erhöht den Blutdruck:

- Viel Salz
- Geräuchertes und gepökeltes Fleisch
- Viel Wurst und Käse
- Alkohol
- Fast Food
- Viel Fett im Essen
- Erhöhter Zuckerkonsum

Arteriosklerose

Hierbei handelt es sich um krankhafte Verengungen in den Blutgefäßen. In den Arterien kommt es zu Ablagerungen von Plaque (hauptsächlich Fette). Zusätzlich lagern sich Kalksalze und Wasser in den Gefäßwänden ein. Dann wuchern die Zellen an den Gefäßwänden, sodass sich Blutgerinnsel daran ablagern können. Dadurch verringert sich der Durchmesser der betroffenen Gefäße und der Blutfluss wird gestört. Sollte der Prozess nicht gestoppt bzw. behandelt werden, führt dies zu einer kompletten Verstopfung der Gefäße.

Tückisch: Alles geschieht während vieler Jahre und wir bemerken nichts davon.

Erst nach Jahren, wenn die Gefäße mittlerweile zu eng geworden sind, folgen Beschwerden.

Die Risikofaktoren

Rauchen

durch den Genuss von Tabak werden Ablagerungen in den Gefäßen gefördert

Erhöhte Blutzuckerwerte

Diabetiker sollten sehr genau auf diesen Wert achten. Die Empfehlung lautet: möglichst unter 90-100.

Hohe Blutfettwerte

Erhöhte Cholesterinwerte fördern Ablagerungen in den Gefäßen. Das ist immer noch die derzeitige Lehrmeinung, obwohl sich aufgrund aktueller Studien Hinweise ergeben haben, dass der Cholesterinspiegel nicht ursächlich für die Plaque an den Gefäßwänden sein soll.

Mangelnde Bewegung

Leichte Belastungen wie beim Gehen, langsamen Laufen oder Walken sind sehr nützlich für den Kreislauf. Ihr Körper lernt, mit der Belastung umzugehen und wird trainiert, wenn Sie regelmäßig Sport treiben. Ideal sind: Radfahren, Schwimmen, Walken, Joggen, Gehen.

Bevor Sie jedoch Sport treiben, sollten ärztliche Untersuchungen bezüglich der Tauglichkeit und der Belastbarkeit durchgeführt werden.
Auch untrainierte Personen können nach ein paar Einheiten Erfolgserlebnisse haben. Empfehlenswert sind 5 Trainingseinheiten für jeweils eine halbe Stunde pro Woche. Auf diese Weise bringen Sie den Kreislauf auf Trab und die Gefäße müssen sich immer wieder veränderten Bedingungen anpassen. Bewegung ist ein sehr wichtiger Bestandteil der Prophylaxe. Auch wenn es schwerfällt: Sorgen Sie für regelmäßige sportliche Aktivität.

Übergewicht

Ein zu hohes Gewicht wirkt sich auf den Kreislauf aus. Sie sind dann weniger leistungsfähig. Versuchen Sie daher vor allem mit gesunder Ernährung deutlich an Gewicht zu verlieren. Mit den veröffentlichten Rezepten in diesem Buch gelingt Ihnen eine Ernährungsumstellung, welche dauerhaft zu besserem Befinden beiträgt.

Vorsicht

Eine länger bestehende Arteriosklerose sowie Bluthochdruck können den gesamten Körper in Mitleidenschaft ziehen. Die Folgen sind z.B. Engpässe in den Herzkranzgefäßen, die eine koronare Herzerkrankung auslösen können. Dabei wird der Herzmuskel mit zu wenig Sauerstoff versorgt.
Auch die dauerhafte Herzschwäche kann eine Folge der Arteriosklerose sein. Die Pumpleistung des Herzmuskels lässt hier nach und es kommt zu Wasseransammlungen in den Beinen sowie Atemnot.

Dramatische Folgen können ein Herzinfarkt oder ein Schlaganfall sein. Dann kommt es zu konkreten Verstopfungen von Blutgefäßen, die mit geeigneten Medikamenten sofort aufgelöst werden müssen.

Welche Werte sollten Sie prüfen lassen?

Zu Beginn einer Bestandsaufnahme sind folgende Untersuchungen wichtig:

- Blutdruck
- Blutzucker
- Cholesterinspiegel mit HDL und LDL Anteil
- Triglyzeride
- Homocystein
- Vitamin B12, B6, C, E
- Zink, Selen
- BMI (Body Mass Index)

Lassen Sie diese Werte bei Arzt bestimmen, der Ungleichgewichte bei den Werten über die Laboranalyse feststellen kann.

Was nützt dem Körper?

Achten Sie vor allem auf eine stetige Zufuhr von Vitaminen in natürlicher Form:

Gemüse
Obst
Hülsenfrüchte
Salate
Pflanzliche Fette

Das sind die Grundbausteine einer gesunden Ernährung. Darauf basieren sämtliche schonenden Ernährungsformen, die dem Körper und seinen Funktionen nützen. Sobald tierische Lebensmittel im Übermaß dazu kommen, beginnt der mögliche Schaden. Also: Konzentrieren Sie sich auf die oben genannten Lebensmittel und verwenden Sie diese hauptsächlich.

Falls das bis jetzt noch nicht der Fall ist, sollte eine sofortige Umstellung der Ernährung angestrebt werden. Denn: Auch bereits bestehende Schäden können durch die passende Ernährung langfristig wieder „repariert“ werden.

Es ist ohne Zweifel ein langer Weg, aber es lohnt sich, ihn ohne Unterbrechung zu gehen. Betroffene erhalten dabei die Chance, mit passender Ernährung ihre Lebensqualität deutlich zu steigern und zusätzliche Maßnahmen hinauszuschieben oder zu vermeiden.

Natürlich sollte regelmäßige Bewegung auch auf dem Plan stehen, denn diese stärkt den Kreislauf, Gelenke und die Muskulatur.

Versuchen Sie zuerst eine teilweise Umstellung auf vegetarische Kost. Wichtig: Verabschieden Sie sich von Fast Food und Fertiggerichten aller Art. Gesundes Essen wird stets frisch zubereitet und enthält immer Gemüse, Samen, Nüsse oder Mandeln plus Früchte.

Also: Kein Essen aus dem Imbiss, von Fast-Food-Ketten oder ähnlichen Anbietern!

Wichtig: Kaufen Sie nur Bio – Gemüse sowie Obst möglichst von heimischen Anbietern.

Was soll ich denn essen?

Folgende Lebensmittel eignen sich:

Naturreis
Hafer
Hirse
Gerste

Lachs
Makrele
Leinöl
Walnussöl
Rapsöl

Durch die Omega 3 - Fettsäuren werden Entzündungen bekämpft.

Apfel

Äpfel enthalten u.a. Stoffe, die Blutgerinnsel vorbeugen können. Besonders die Sorten Granny Smith und Red Delicious sind empfehlenswert.

Orangen
Zitronen
Brokkoli
Spinat
Knoblauch
Heidelbeeren
Himbeeren
Erdbeeren

Sauerkirschen
Papaya
Mango

Die enthaltenen sekundären Pflanzenstoffe plus Vitamine und zusätzlichen Stoffe (Senföle, Flavonoide, Alllicin, Karotinoide) versprechen Linderung.

Granatapfel

Diese Frucht enthält sehr viele sekundäre Pflanzenstoffe.
Bereits Betroffene berichten von einer wirksamen Senkung des Blutdrucks bei längerer Anwendung.

Datteln

Getrocknete Datteln erhalten Sie überall. Verspeisen Sie zwei bis drei Datteln pro Tag, dann ist der Kalium Bedarf gedeckt. Vorteil: Datteln können unkompliziert transportiert werden und verderben nicht so schnell. Einfach einstecken, mitnehmen und in der Arbeitspause essen.

Empfehlenswerte Lebensmittel

Die Lebensmittel können bedenkenlos in Maßen konsumiert werden.

Vollkornprodukte (Brot)
Vollkornreis, Vollkornnudeln
Haferflocken, Dinkel, Hirse
Kartoffeln

Vollkornprodukte aller Art senken das Risiko für Diabetes Erkrankungen. Ballaststoffe wirken sich positiv auf die Blutfettwerte aus und vermeiden Blutzuckerspitzen. Blutfette können dadurch sogar gesenkt werden.

Nüsse, Mandeln, Cashewkerne
Leinsamen, Hanfsamen, Sesamsamen

Nüsse senken den Cholesterinspiegel.

Alle Arten von Obst
Salate
Karotten

Kohl

Alle Kohlsorten wirken gegen Entzündungen im Körper.

Gurke
Zucchini
Fenchel
Brokkoli
Blumenkohl, Rosenkohl, Rotkohl, Sauerkraut, Weißkraut

Tomaten

In Tomaten ist Lycopin enthalten, das die Oxidation von Cholesterin, also Ablagerungen an den Gefäßwänden verhindert. Gekochte Tomaten enthalten mehr Lycopin. Genießen Sie also oft Tomatenmark, Tomatensuppe o.ä..

Spinat

Spinat enthält besonders viel Vitamin E und D. Diese verhindern die Ablagerung von Fetten an den Gefäßwänden.

Mangold

Die enthaltenen Stoffe senken das Risiko für Entzündungen.

Spargel
Pilze

Gemüse und Obst enthalten wertvolle Inhaltsstoffe (sekundäre Pflanzenstoffe), welche gegen Ablagerungen an den Gefäßwänden wirken. Zusätzlich verlangsamen sie die Alterung der Zellen.

Leinöl, Rapsöl,

Olivenöl

Dieses Öl enthält wie Spinat Stoffe, welche die Ablagerung von Fetten an den Gefäßwänden verhindern.

Sesamöl,
Kokosöl

Pflanzliche Öle, wie oben genannt, wirken gegen Entzündungen im Körper, verbessern die Fließeigenschaften des Blutes und wirken vorbeugend gegen Ablagerungen an den Gefäßwänden.

Zwiebeln
Knoblauch
Lauch

Zwiebeln, Knoblauch und Lauch wirken entzündungshemmend.
Die enthaltenden Schwefelverbindungen können die Blutgerinnung positiv beeinflussen. Gleichzeitig werden Ablagerungen an den Gefäßwänden bekämpft.
Knoblauch kann bereits vorhandene Ablagerungen an den Gefäßwänden reduzieren und wirkt vorbeugend.

Lachs

Durch den hohen Gehalt an Omega 3-Fettsäuren ist Lachs, wie auch andere Fischsorten, wie unten erwähnt, ein sehr wertvolles Lebensmittel für die Gesundheit des Körpers. Die reichlich vorhandenen Omega3-Fettsäuren verhindern die Bildung von Blutgerinnseln und Ablagerungen an den Gefäßwänden.

Makrele, Hering, Sardinen, Scholle
Kabeljau, Seehecht, Krebse, Hummer, Garnelen

Hähnchenfleisch, Putenbrust,
Rinderfilet, Wild, Kalbfleisch (sehr selten)

Milch (mager), Magerquark
Naturjoghurt (fettarm), Buttermilch
Frischkäse

Wasser, Tee (nicht süß), Kräutertee, Kaffee nur in Maßen
Schokolade (über 70% Kakao Anteil)

Grüner Tee

Im grünen Tee finden sich Stoffe, die Blutgerinnsel vorbeugen können und die Elastizität der Adern fördern.

Cayenne Pfeffer

Durch den enthaltenen Stoff Capsaicin werden Ablagerungen an den Gefäßwänden verhindert. Der Pfeffer fördert auch die Durchblutung.

Nicht empfehlenswerte Lebensmittel

Derartige Lebensmittel sollten nicht gegessen werden:

Weißbrot, Mischbrot, Brötchen
Milchbrötchen, Laugenstangen, weißer Reis
Hartweizennudeln oder Eiernudeln,
Pommes, Kroketten, Pfannkuchen, Kartoffelbrei,
Toastbrot, Knäckebrot

Süße Backwaren, Kekse, Eis, Chips,
Nüsse (gesalzen), Obstkonserven mit Zucker,
Schweinefett, Palmfett, Sonnenblumenöl

Fruchtsäfte, Mixgetränke, Süße Milchprodukte
Cola, Limonade, Energiedrinks

Schweinefleisch, Wurst, Bratwurst, Lyoner, Salami, Bockwurst, paniertes Fleisch

Achtung: Fettsäuren (Omega 6) und die Arachidonsäure im Fleisch fördern Entzündungen und Ablagerungen in den Gefäßen. Daher sollte Ihr Fleischkonsum sehr gering ausfallen. Wenn es Fleisch sein soll, dann kommen nur sehr magere Sorten (Rind, Huhn, Kalb) infrage. Generell ist es besser, auf Fleisch möglichst zu verzichten und mehr Fisch in den Speiseplan zu integrieren.

Süßigkeiten aller Art, Pudding, süße Joghurt, Fruchtjoghurt, Götterspeise

Zucker

Meiden Sie Zucker auf jeden Fall. Fruchtzucker in Maßen (Obst) ist in Ordnung. Zucker steht im Verdacht, bei der Entstehung vieler Krankheiten (u.a. auch der Arteriosklerose) eine Rolle zu spielen.

Wir beschränken uns auch bei den Rezepten auf die gesunden Varianten. Wer sich an den veröffentlichen Rezepten orientiert, wird sich dauerhaft gesund ernähren und damit langfristig Gewicht verlieren bzw. Idealgewicht erreichen, schädliche Blutfettwerte reduzieren und den Blutdruck bei empfohlenem Verhalten senken können. Dann sind auch die Voraussetzungen gegeben, der Arteriosklerose ihre Grundlagen zu entziehen.

Dieser Prozess verläuft langsam, aber stetig.

Es ist daher wichtig, nicht die Geduld zu verlieren, sondern dabei zu bleiben und durchzuhalten.

Bitte beachten: Selbstverständlich gibt es keine Garantie auf Erfolg. Wenn Sie die empfohlene Ernährung aber dauerhaft zu sich nehmen, bestehen gute Chancen, Beschwerden zu lindern und Entzündungen im Körper auf längere Sicht eventuell sogar zum kompletten Abklingen zu bringen. Dieses Ziel kann durchaus erreicht werden.

Unabhängig von allen Empfehlungen sollten am Tag 5 Portionen Gemüse und / oder Obst verzehrt werden. Am besten sind kleine Mahlzeiten geeignet.

Rezepte für eine passende Ernährung gegen Bluthochdruck

Die Mengenangaben sind natürlich für jeden Konsumenten anzupassen. Ein Mann mit 100 Kilogramm Gewicht, isst andere Mengen, als eine Frau mit 50 Kilo. Passen Sie daher Zutaten an Ihre Bedürfnisse an.

Die Rezepte können jederzeit variiert oder auch ergänzt werden. Falls Sie gewisse Bestandteile nicht vertragen, können diese auch ausgetauscht oder ergänzt werden. Ansonsten: Würzen Sie nach Ihrem Bedarf. Wichtig: Salz dürfen Sie nur sehr sparsam verwenden. Mit Pfeffer, Zimt und Kräutern dürfen Sie verschwenderisch umgehen.

Das Frühstück – Power für den Tag

Das Frühstück soll Ihnen einen guten Start in den Tag ermöglichen und gleichzeitig dazu führen, dass nicht wieder sofort danach ein Hungergefühl entsteht.
Das bedeutet: Es kommen nur vollwertige Lebensmittel infrage.

Empfehlenswert sind Haferflocken, Buchweizen und Samen, welche die enthaltene Energie dem Körper fein dosiert über längere Zeit zur Verfügung stellen. Deshalb eignen sie sich auch für Diabetiker.

Übrigens: Haferflocken sollen den Blutdruck sanft senken.

Noch einmal: Essen Sie nur die oben empfohlenen Lebensmittel.

Auf keinen Fall dürfen Weißbrotbrötchen, süße Hörnchen oder ähnliches auf den Tisch kommen.

Trinken Sie morgens eine halbe Stunde vor dem Frühstück ein Glas Wasser und / oder basischen Tee. Zu den Mahlzeiten sollten Sie nicht trinken, sondern davor und danach.

Ein gutes Frühstück besteht aus frischen Früchten, die Sie unbehandelt verzehren können und / oder Vollkornprodukten. So einfach ist das!

Morgens sollten Sie Wasser trinken. Am besten gewöhnen Sie sich daran, nach dem Aufstehen sofort ein Glas warmes Wasser zu trinken. Danach bereiten Sie ein Glas mit Grüntee zu, wobei natürlich auf die Herkunft des Tees geachtet werden muss. Auf keinen Fall sollten darin Pestizide zu finden sein.
Nach einer halben Stunde kann dann das Frühstück folgen.

Frische Früchteschale

Zutaten (Zwei Personen)

1 Karotte
2 Äpfel
2 Birnen
1 EL Leinöl
1 EL Zitronensaft
1TL Zimt

Die Karotte schälen, waschen und klein hobeln. Den Apfel waschen und klein schneiden. Die Birnen werden ebenfalls gewaschen und klein geschnitten. Dann geben Sie alles zusammen in eine Schüssel und pürieren den Inhalt mit dem Pürierstab. Leinöl, Zitronensaft sowie Zimt dazu geben und noch einmal vermischen.

Weintrauben-Müsli

Zutaten (eine Person)

1 Apfel
25 g rote Weintrauben kernlos
4 EL Haferflocken
1 TL Mandelstifte
200 g Joghurt (1,5% Fett)

Den Apfel gründlich waschen und klein schneiden. Die Weintrauben werden ebenfalls gewaschen und geviertelt.
Dann geben Sie die Haferflocken, Mandelstifte, Joghurt, Apfel und Weintrauen in eine Schale und vermischen dies gut.

Frische Früchte mit Mandeln

Zutaten (Eine Person)

1 Apfel
¼ Wassermelone
1 Limette
25 g Mandeln
1 EL Leinöl
1 EL Zitronensaft
1TL Zimt

Den Apfel bitte waschen und klein schneiden. Die Wassermelone schneiden und in eine Schüssel geben. Dazu kommen der Apfel und die entkernte und geschnittene Limette.
Die Mandeln werden klein gehackt. Mit dem Pürierstab fein pürieren. Danach streuen Sie die Mandeln ein und geben den Zitronensaft sowie Leinöl und Zimt dazu. Anschließend noch mal vermischen.

Himbeere – Buchweizen - Mix

Zutaten (Eine Person)

130 ml Buttermilch
160 g Himbeere
4 EL gepuffter Buchweizen
1 EL Leinsamen
1TL Hanfsamen

Die Himbeeren bitte überprüfen, waschen und in eine Schale geben. Dann geben Sie die Buttermilch hinzu und mischen den Buchweizen ein. Leinsamen und Hanfsamen wird dann darüber verstreut.

Bananenmus mit Limette

Zutaten (Eine Person)

2 Bananen
1 Limette
150 g Sojajoghurt
1 EL Leinöl
1 EL Zitronensaft
20 g Hanfsamen

Die Bananen schälen und in kleine Stücke geschnitten in eine Schüssel geben. Dann schälen Sie die Limette und schneiden diese klein. Geben Sie alles zusammen in die Schüssel und pürieren Sie es. Dann Leinöl, Zitronensaft und den Hanfsamen dazu geben und noch einmal vermischen.

Fruchtcocktailsalat mit Samen

Zutaten (Eine Person)

1 Banane
1 Apfel
1 Birne
2 Mandarinen
150 g Sojajoghurt
1 EL Leinöl
20 g Hanfsamen
20 g Sesamsamen
10 g Leinsamen
1 TL Zimt
1 TL Curry

Den Apfel und die Birne waschen und klein schneiden. Die Mandarinen schälen und klein schneiden. Nun schälen Sie die Banane und schneiden diese in kleine Stücke. Jetzt geben Sie die Früchte in eine Schüssel und mischen diese gut durch. Dann kommen das Sojajoghurt und das Leinöl dazu. Den Hanfsamen, Sesamsamen und Leinsamen streuen sie darauf und vermischen noch einmal. Anschließend Zimt und Curry darüber streuen und servieren.

Power Quark mit Datteln

Zutaten (Eine Person)

150 g Quark (mager)
30 g Haferflocken
20 g Leinsamen
20 g Hanfsamen
2 EL Leinöl
1 EL Zitronensaft
1TL Zimt
2 Datteln

Den Quark mit Leinöl gut vermischen. Dann geben Sie Leinsamen und Hanfsamen dazu. Der Zitronensaft und die zuvor klein geschnittenen Datteln werden gut eingerührt. Anschließend noch mit Zimt bestreuen und servieren.

Fruchtmix mit Gemüse

Zutaten (Eine Person)

½ Zucchini
2 Karotten
1 Apfel
1 Birne
100 g Heidelbeeren
100 g Himbeeren
150 g Sojajoghurt
1 EL Leinöl
1 EL Zitronensaft

Die Zucchini wird gewaschen und in Scheiben geschnitten. Dann wachen und schälen Sie die Karotte, die auch in kleine Stücke geschnitten wird. Den Apfel und die Birne waschen und klein schneiden. Apfel, Birne, Karotten und die Zucchini kommen in eine Schüssel und werden püriert.

Dann Sojajoghurt, Heidelbeeren und Himbeeren dazu geben und nur leicht vermischen. Es folgen Leinöl und Zitronensaft. Erneut leicht mischen, sodass die Beeren intakt bleiben.

Hafer Müsli mit Beeren

Zutaten (Eine Person)

60 g Haferflocken
40 g Joghurt (fettarm)
1 Apfel
60 ml Mandelmilch
30 g Heidelbeeren
20 g Mandeln
1 EL Leinöl
1 TL Zimt

Den Apfel gut waschen und klein schneiden. Die Haferflocken kommen mit dem Joghurt und der Mandelmilch in eine Schüssel und werden gut vermischt. Die Mandeln werden in kleine Stücke zerhackt und dann eingestreut. Anschießend geben Sie Leinöl, die Heidelbeeren und Zimt dazu. Noch einmal vermischen und dann frisch servieren.

Frisches Fruchtmüsli

Zutaten (Eine Person)

50 g Haferflocken
40 g Joghurt (fettarm)
1 Birne
60 ml Mandelmilch
30 g Himbeeren
20 g Cashewkerne
1 EL Leinöl
1 TL Zimt

Die Haferflocken werden ein Tag zuvor in Wasser eingelegt. So sind diese besser bekömmlich und können auch von Personen genossen werden, deren Magen-Darmtrakt sonst Probleme bereitet.
Die Himbeeren bitte gut waschen. Die Birne wird gewaschen und klein geschnitten. In einer Schüssel mischen Sie die Haferflocken, Joghurt, Birne und die Mandelmilch. Dann geben Sie die Himbeeren, die zerkleinerten Cashewkerne und das Leinöl dazu. Zum Schluss mit Zimt ergänzen und noch einmal vermischen.

Kokos Müsli mit Samen

Zutaten (Eine Person)

50 g Haferflocken
40 g Joghurt (fettarm)
50 g Kokosflocken
30 ml Mandelmilch
1EL Zitronensaft
1 Mandarine
20 g Hanfsamen
1 EL Leinöl
1 TL Zimt

Die Mandarine schälen und klein schneiden. In eine Schüssel kommen die Haferflocken, Joghurt, Mandelmilch, Mandarine und die Kokosflocken. Dann gut vermischen.
Geben Sie dann Zimt. Leinöl und den Zitronensaft dazu. Anschließend noch einmal vermischen. Zum Schluss den Hanfsamen über dem Müsli verstreuen.

Wenn Sie Probleme bei der Verdauung haben, können die Haferflocken auch stark reduziert werden.

Vollkorn Avocado Brot

Zutaten (Eine Person)

1 Scheibe Vollkornbrot
1 halbe Avocado
1EL Zitronensaft
10 Schnittlauch
1 EL Leinöl

Die Avocado mittig aufschneiden und mit dem Löffel Fruchtfleisch entnehmen. Das Vollkornbrot mit Leinöl bestreichen. Darauf kommen nun die Avocado-Stückchen, die noch mit Zitronensaft beträufelt werden. Schließlich schneiden Sie noch den Schnittlauch klein und verstreuen diesen auf den Avocado Stückchen.

Vollkorn- Kiwibrot

Zutaten (Eine Person)

1 Scheibe Vollkornbrot
2 Kiwi (süß)
2 Mandarinen
1 EL Mandelmus
1 EL Zitronensaft
10 g Schnittlauch
1 EL Leinöl

Die Kiwi und die Mandarinen schälen und klein schneiden. Das Leinöl auf die Scheibe Brot streichen. In einer kleinen Schüssel mischen Sie das Mandelmus mit der Kiwi und den Mandarinen. Dann kommt noch etwas Zitronensaft hinzu. Diese Masse wird auf das Brot gebracht. Zum Schluss noch den Schnittlauch darüber verstreuen.

Nuss Müsli

Zutaten (Eine Person)

150g Haferflocken
100 ml Mandelmilch
1 Naturjoghurt (fettarm)
20 g Walnüsse
10 g Mandeln
20 g Cashewkerne
1EL Leinöl
1 TL Zimt
10 g Sesamsamen

Die Haferflocken kommen mit den zerhackten Walnüssen, Mandeln und Cashewkernen in eine Schüssel. Dann geben Sie die Mandelmilch und das Naturjoghurt dazu. Alles gut vermischen. Es folgen Leinöl und Zimt. Anschließend noch einmal vermischen. Zum Schluss noch den Sesamsamen darüber verstreuen und servieren.

Früchte Müsli

Zutaten (Eine Person)

200 g Haferflocken
½ Pfirsich
Eine Aprikose
1 Naturjoghurt (1,5 % Fett)
40 ml Sahne
½ Apfel
1TL Zimt

Den Pfirsich und die Aprikose waschen und klein schneiden. Der Apfel wird klein gerieben. Nun kommen Pfirsich, Aprikose und der geriebene Apfel in eine Schüssel. Dann werden der Naturjoghurt und die Sahne dazu gegeben. Alles gut vermischen. Anschließend wird der Zimt noch hinzugefügt und vermischt.

Pfirsich Joghurt

Zutaten (Eine Person)

100 g Pfirsiche
100 g Aprikosen
200 g Joghurt (1,5 % Fett)
20 g Zimt
20 g Haferflocken
1 TL Zitronensaft
20 g Sesamsamen

Die Pfirsiche und Aprikosen gut waschen und in sehr kleine Stücke schneiden. Dann alles zusammen mit Haferflocken in eine Schüssel geben und den Joghurt unterrühren. Nun den Zitronensaft hineingeben. Anschließend mit dem Sesamsamen noch einmal vermischen und servieren.
Diese erfrischende Zwischenmahlzeit eignet sich auch, wenn mal keine Lust auf die übliche Nahrung aufkommt.

Birnen Joghurt

Zutaten (Eine Person)

100 g Birne
100 g Apfel
200 g Joghurt (1,5 % Fett)
20 g Zimt
20 g Haferflocken
1 TL Zitronensaft
20 g Sesamsamen
10 g Hanfsamen

Die Birne und den Apfel bitte waschen und klein schneiden.
Dann geben Sie das Obst zusammen mit Haferflocken in eine Schüssel. Den Joghurt bitte unterrühren. Nun den Zitronensaft hineingeben. Anschließend mit dem Sesamsamen und Hanfsamen noch einmal vermischen und servieren.

Erdbeere Joghurt mit Kiwi

Zutaten (Eine Person)

100 g Erdbeere
100 g Kiwi (Gold)
200 g Joghurt (1,5 % Fett)
20 g Zimt
20 g Haferflocken
1 TL Zitronensaft
20 g Sesamsamen
10 g Hanfsamen

Die Erdbeeren bitte gut waschen und klein schneiden. Die Kiwi halbieren Sie und schälen die Frucht mit einem Löffeln aus.
Dann geben Sie alles zusammen mit dem Joghurt in eine Schüssel. Zimt, Haferflocken, Zitronensaft dazu geben und vermischen. Anschließend streuen Sie noch den Hanfsamen und den Sesamsamen ein. Noch einmal gut vermischen und servieren.

Vollkornbrot mit Gurken

Zutaten (Eine Person)

1 Scheibe Vollkornbrot
1 kleine Gurke
Senf
10 g Schnittlauch
½ TL Meerrettich

Die Gurke bitte waschen und in Scheiben schneiden. Das Vollkornbrot bestreichen Sie mit Senf und legen dann die Gurkenscheiben darauf. Anschließend mit Schnittlauch bestreuen, mit Meerrettich garnieren und servieren.

Himbeere Joghurt mit Melone

Zutaten (Eine Person)

100 g Himbeeren
100 g Wassermelone
200 g Joghurt (1,5 % Fett)
20 g Zimt
20 g Haferflocken
1 TL Zitronensaft
20 g Sesamsamen
10 g Hanfsamen

Die Himbeeren bitte gut waschen und in Hälften schneiden. Die Melone aufschneiden und das Fruchtfleisch mit einem Löffel ausschälen. Geben Sie das Obst zusammen mit dem Joghurt in eine Schüssel. Dann kommen Zimt, Zitronensaft, Haferflocken dazu und werden mit dem Obst und dem Joghurt vermischt.
Den Hanfsamen und Sesamsamen bitte einstreuen und noch einmal vermischen.

Vollkornbrot mit Avocado und Kresse

Zutaten (Eine Person)

1 Scheibe Vollkornbrot
1 Avocado
1EL Senf
1 EL Zitronensaft
10 g Schnittlauch
10 g Kresse

Das Vollkornbrot bestreichen Sie mit Senf. Die Avocado bitte aufschneiden, schälen und in Scheiben schneiden, die auf das Brot kommen. Etwas Zitronensaft auf die Avocado streuen und den gewaschenen Schnittlauch sowie die Kresse darüber geben.

Vollkornbrot mit Tomaten

Zutaten (Eine Person)

1 Scheibe Vollkornbrot
2 kleine Tomaten
Senf
10 g Schnittlauch

Die Tomaten bitte waschen und in Scheiben schneiden. Das Vollkornbrot bestreichen Sie mit Senf und legen dann die Tomatenscheiben darauf. Anschließend mit Schnittlauch bestreuen.

Vollkornbrot mit Banane

Zutaten (Eine Person)

1 Scheibe Vollkornbrot
1 Banane
1 TL Leinöl
1 EL Zitronensaft
½ TL Zimt

Das Vollkornbrot bestreichen Sie mit Leinöl. Die Banane, die auf das Brot kommen bitte schälen und in Scheiben schneiden. Etwas Zitronensaft auf die Banane streuen und den gewaschenen Schnittlauch sowie Zimt darüber geben.

Hauptgerichte

Ausgewogen und möglichst frisch zubereitet sollte das Motto sein. Ab und zu sind kleine Sünden erlaubt. Der Fokus liegt aber auf den bereits eingangs genannter empfehlenswerter Lebensmittel, die in Kombination mit guten Gewürzen eingesetzt werden. Dabei spielt Abwechslung eine große Rolle.

Ihr Körper wird sich innerhalb kurzer Frist auf die neue Ernährungsweise einstellen.

Wichtig: pflanzlich, leicht, verträglich, entzündungshemmend und ballaststoffreich. Mit dieser Kombination erreichen Sie Ihr ideales Gewicht, schonen damit den Kreislauf, senken den Blutdruck und optimieren den Stoffwechsel.

Bei allen Rezepten mit Salz ist es wichtig, möglichst wenig davon zu verwenden. Etwa eine halbe Stunde vor dem Essen sollten Sie jeden Tag ein Glas mit Granatapfelsaft trinken. Dieser Saft ist bei der Senkung des Blutdrucks hilfreich.

Rucola Salat mit Birnen und Kresse

Zutaten (Zwei Personen)

40 g rote Linsen
4 Zwiebeln
1 Bund Rucola
5 Radieschen
1 Birne
2 EL Senf
Salz
Pfeffer
100 ml Gemüsebrühe
3 EL Olivenöl
3 EL Balsamessig
Essig
10 g Kresse
10 g Petersilie

Erst kochen Sie die roten Linsen in einem Topf mit Wasser weich. Das dauert etwa 15 – 20 Minuten. Die Linsen werden mit Essig, Olivenöl, Salz und Pfeffer mariniert. Dann zerkleinern Sie die Kresse und Petersilie. Die Zwiebeln werden geschält und in kleine Scheiben geschnitten. Die Radieschen bitte waschen und in kleine Stücke schneiden. Natürlich muss die Birne auch gewaschen werden. Diese schneiden Sie danach in kleine Spalten.

Geben Sie die Gemüsebrühe, Balsamessig, Senf und das Olivenöl in eine Schüssel und vermischen alles. Dann kommt alles in die Schüssel und wird noch einmal vermischt. Anschließend mit wenig Salz und Pfeffer würzen und ein paar Minuten ziehen lassen.

Grünkern Salat mit Kürbis

Zutaten (Eine Person)

350 g Speisekürbis
4 EL Olivenöl
1 EL Rapsöl
240 g Grünkern
100 g Rucola
1 Apfel
1 Zitrone
Pfeffer
Salz
2 TL Senf
Kräuter nach Wahl

Den Kürbis putzen, waschen und in kleine Stücke schneiden. Grünkern wird in einem Topf mit Salzwasser für etwa 25 Minuten gekocht. In einer Pfanne mit einem EL Rapsöl braten Sie die Kürbis Scheiben leicht an. Dann mit Salz und Pfeffer würzen.

Der Rucola wird gut gewaschen, zerteilt und in eine Schüssel mit Olivenöl (4 EL), Senf und Zitronensaft vermischt. Ebenfalls bitte mit Salz und Pfeffer nachwürzen. Den Apfel bitte waschen und in kleine Stücke zerteilen. Nun geben Sie Grünkern, Kürbis in die Schüssel mit dem Rucola und mischen es gut durch. Wer noch etwas mehr „Inhalt" wünscht kann gern noch etwas gepufften Buchweizen einstreuen und erneut mischen.

Gemüse mediterran

Zutaten (Zwei Personen)

1 gelbe Paprika
1 rote Paprika
1 Zucchini
1 Apfel
1 Karotte
1 Aubergine
6 EL Balsamessig
6 EL Olivenöl
1 Knoblauchzehe
Salz
Pfeffer
30 g Rucola
Thymian
20 g geriebener Käse

Zuerst muss das Gemüse ausgiebig gewaschen werden. Dann schneiden Sie die Paprika in kleine Streifen. Die Karotte und die Zucchini werden in Scheiben geschnitten. Die Aubergine schneiden Sie ebenfalls in Scheiben und dünsten diese mit Öl leicht in der Pfanne an. Danach gegen Sie das andere Gemüse hinzu und braten es für etwa 10 Minuten an. Salz, Pfeffer und den zerdrückten Knoblauch gegen Sie dazu und vermischen es in der Pfanne. Nach 5 Minuten legen Sie den Thymian darauf.

Dann kommt das Gemüse in eine Auflaufform. Mit Balsamessig, Olivenöl, Salz und Pfeffer wird es noch mariniert. Den gewaschenen Rucola legen Sie mit dem Käse auf das Gemüse und richten an.

Zucchini Streifen mit Seelachs

Zutaten (Zwei Personen)

3 Zucchini
200 g Seelachsfilets
2 EL Olivenöl
1 Avocado
Zitronensaft
Sesamsamen
Pfeffer
Salz

Die Zucchini waschen und dann längs in Nudelform klein schneiden. Die Seelachsfilets zerkleinern, mit Pfeffer und Salz würzen und in der Heißluftfritteuse bei 160 Grad mindestens für 25 Minuten garen. Dann die Zucchinistreifen mit Salz in einem Topf für etwa 3 Minuten kochen.

Die Avocado aufschneiden, entkernen und mit einem Löffel das Fruchtfleisch herausholen. Den Lachs zusammen mit den Zucchini Streifen anrichten. Avocado mit Zitronensaft mischen und servieren. Den Sesamsamen über das Gericht streuen.

Kartoffeln mit Paprika

Zutaten (Zwei Personen)

600 g Kartoffeln
1 Knoblauchzehen
3 EL Olivenöl
2 Paprika
2 Zwiebel
Salz
Pfeffer
Petersilie

Die Paprika waschen und in Streifen schneiden.
Die Kartoffeln bitte schälen, in einem Topf mit etwas Salz für etwa 20 Minuten kochen und klein schneiden. Dann kommen diese in eine Pfanne mit Olivenöl, das zuvor erhitzt wurde. Den Knoblauch schälen und klein schneiden. Das Gleiche geschieht mit der Zwiebel. Wenn die Kartoffeln etwas braun sind, kommen Knoblauch, Zwiebel, Paprika, Salz und Pfeffer dazu.

Fischfrikadellen mit Joghurt

Zutaten (Zwei Personen)

3 Kartoffeln
300 g Fisch (nach Wahl Lachs, Seelachs)
1 Zitrone
2 Zwiebeln
15 g Petersilie
15 g Dill
1 Ei
Pfeffer
Salz
3 EL Rapsöl
1 Becher Naturjoghurt (1,5%Fett)

Die Kartoffeln werden geschält und in einem Topf mit Salzwasser für 30 Minuten gekocht.
Dann zerdrücken Sie die Kartoffeln zu einer Masse. Der Fisch wird sehr klein geschnitten. Die Zwiebeln werden geschält und klein geschnitten. Dann raspeln Sie die Zitrone. Nun kommt alles in eine Schüssel und wird zu 6 – 8 Frikadellen geformt. Stellen Sie eine ausreichend große Pfanne mit Rapsöl auf den Herd und braten Sie die Frikadellen etwa 7 Minuten pro Seite an. Zum Schluss servieren Sie die Frikadellen mit dem Joghurt.

Farro Salat mit getrockneten Kirschen

Zutaten (Zwei Personen)

250 g Farro (Dinkel)
1 EL Salz
500 ml Wasser
4 Zwiebeln
Frische Petersilie
1 Zitrone
70 g getrocknete Kirschen
50 g Pekannüsse
4 EL Olivenöl
¼ TL Pfeffer
80 g Schafskäse

Die Pekannüsse leicht in der Pfanne anrösten. Farro sollte 40 Minuten in Salzwasser kochen. Dann abschütten, abkühlen lassen und in einer Schüssel mit Zitronensaft, den Pekannüssen, fein geschnittenen Zwiebeln, Petersilie, den getrockneten Kirschen und dem Olivenöl vermischen. Anschließend geben Sie den Schafskäse dazu und würzen mit Pfeffer.

Rucola Salat mit Tomaten

Zutaten (Zwei Personen)

300 g Rucola
200 g Tomaten
1 Knoblauchzehe
1 Zwiebel
30 ml Olivenöl
1 Zitrone

Rucola und die Tomaten gut waschen. Den Rucola klein schneiden und die Tomaten vierteln. Den Knoblauch und die Zwiebel bitte schälen und klein schneiden. Der Saft der ausgepressten Zitrone wird mit dem Olivenöl gemischt und geschlagen sowie mit Pfeffer gewürzt. Dann kommen Knoblauch und Zwiebel in dem zuvor vorbereiteten Dressing. Dann mischen Sie Dressing, Rucola und Tomaten gut durch.

Nach 10 Minuten servieren.

Brokkoli Avocado Salat

Zutaten (Zwei Personen)

1 Kopf Brokkoli
1 Avocado
3 EL Olivenöl
Essig
Zitronensaft
Salz
Senf
Pfeffer
25 g Sesamsamen

Den Brokkoli waschen und in Röschen zerteilen. Dann kommt er für etwa 7 Minuten in den Dampfgarer. Die Avocado schälen, in dünne Scheiben schneiden und diese mit etwas Zitronensaft bestreichen.
In eine Schüssel kommen etwas Öl, etwas Wasser, ein kleiner Spritzer Essig und Senf. Gut durchmischen. Nun gibt man den Brokkoli und die Avocado hinzu. Dann noch den Sesamsamen darüber streuen.

Feldsalat mit Pilzen

Zutaten (Zwei Personen)

150 g Feldsalat
150 g Kartoffeln
150 g Champignons
150 ml Gemüsebrühe
4 EL Olivenöl
4 EL Balsamessig
1 Zwiebel
Salz
Pfeffer
15 g Sesamsamen
10 g Hanfsamen

Den Feldsalat gut waschen und in Röschen zerteilen. Die Kartoffeln werden geschält, klein geschnitten und mit Olivenöl bestrichen. Dann können diese in der Heißluftfritteuse für etwa 15 Minuten gegart werden. Die Zwiebel wird geschält und klein geschnitten.
Die Pilze bitte in einer kleinen Pfanne mit etwa Öl anbraten. In einer Schüssel mischen Sie den Essig, mit etwas Olivenöl und der Gemüsebrühe. Dann geben Sie wenig Salz und mehr Pfeffer dazu. Anschließend kommen Feldsalat, Kartoffeln, Pilze und Zwiebel in die Schüssel und werden mit dem Dressing vermischt. Zum Schluss streuen Sie Sesamsamen und Hanfsamen über den Salat.

Melone Ricotta Salat

Zutaten (Zwei Personen)

1 Cantaloupe-Melone
240 g Zuckererbsen
100 g Ricotta Salat
2 Zweige Estragon
4 EL Zitronensaft
4 EL Olivenöl
Pfeffer
Salz

Die Melone wird entkernt und in dünne Scheiben geschnitten.
Die Zuckererbsen werden ebenfalls in Scheiben geschnitten. Zuvor müssen Sie noch die Fäden entfernen. Der Salat wird gewaschen und in Scheiben gehobelt.
Dann kommt alles zusammen mit dem Zitronensaft und dem Olivenöl in eine Schüssel und wird vermischt. Mit Pfeffer und wenig Salz noch nachwürzen und dann servieren.

Fenchel Salat mit Orange

Zutaten (Zwei Personen)

2 Orangen (süß)
4 Knollen Fenchel
2 EL Essig
4 EL Sesamöl
Pfeffer
Salz
40 g Cashewkerne
1 TL Knoblauch Flocken

Die Orangen sollten Sie schälen, entkernen und in kleine Stücke schneiden. Der Fenchel wird gewaschen. Entfernen Sie bitte den Strunk. Dann den Fenchel in dünne Streifen schneiden und in eine Schüssel geben.

Nun geben Sie Essig, etwas Öl sowie die Knoblauch Flocken in die Schüssel und mischen es gut durch. Dann können Sie die Orangen dazu geben.

Zum Schluss geben Sie die Cashewkerne hinzu und mischen noch einmal durch.

Limetten Reis mit Chili

Zutaten (Zwei Personen)

300 g Vollkorn Reis
3 EL Olivenöl
500 ml Hühnerbrühe
1 Zwiebel
3 Knoblauchzehen
2i rote Chilischoten
1 EL Limetten Abrieb
Petersilie
½ Bund Koriandergrün
Pfeffer
Salz

Knoblauch, Zwiebel, Petersilie, Koriandergrün mit 150 ml Hühnerbrühe kommen in den Mixer zum Pürieren. Dann kommt Öl in einen Topf und wird kurz erhitzt. Den Reis geben Sie in den Topf zu anrösten. Die zuvor pürierte Masse wird dann dazu gegeben und mit dem Reis gut vermischt. Stets umrühren!
Etwa 2 Minuten kochen lassen und dann die restliche Hühnerbrühe dazu geben. Dann für 15 Minuten auf kleiner Flamme kochen lassen und den Topf mit dem passenden Deckel schließen. Danach mit Pfeffer und wenig Salz würzen und servieren.

Frischer Obstsalat mit Mandeln

Zutaten (Zwei Personen)

2 Bananen
2 Orange
2 Zitrone
2 Mandarinen
1 Apfel
1EL Leinöl
1TL Zimt
25 g Mandeln

Der Apfel wird gewaschen und klein geschnitten. Die Orange, Mandarinen und die Bananen schälen und ebenfalls klein schneiden. Nun kommt alles in eine Schüssel und wird gut vermischt. Die Zitrone in zwei Hälften schneiden und den Saft einer halben Zitrone über der Schüssel auspressen. Dazu geben Sie das Leinöl, den Zimt und die zerkleinerten Mandeln. Dann wird alles noch einmal vermischt und anschießend serviert.

Spargel mit Lachsfilets

Zutaten (Zwei Personen)

600 g Spargel
2 Lachsfilets
300 g Kartoffeln
3 EL Olivenöl
Petersilie
Senf
1 Zitrone
Pfeffer
Salz

Den Spargel bitte schälen und in einem Topf mit Salzwasser für etwa 25 Minuten kochen. Die Lachsfilets werden mit wenig Salz und Pfeffer gewürzt und in der Heißluftfritteuse bei 200 Grad für mindestens 20 Minuten gegart. Ab und zu mit Olivenöl bestreichen.
Die Kartoffeln werden geschält und im Topf mit Wasser und Salz für 25 Minuten gekocht. 100 ml Olivenöl mischen Sie dem Saft einer Zitronenhälfte und Senf, bis die Sauce cremig wird. Dazu kommen ein wenig Salz und Pfeffer.

Die Kartoffeln mit Petersilie garnieren. Die Sauce kann über die Spargel und Kartoffel verteilt werden.

Schafskäse mit Karotten-Salat und rote Beete

Zutaten (Zwei Personen)

350 g Karotten
300 g rote Beete
1 Zitrone
250 g Kopfsalat
2 EL Olivenöl
Salz
Pfeffer
Senf
100 g Schafskäse

Die rote Beete bitte sehr gründlich waschen und in eine Schüssel raspeln. Vorsicht: Da rote Beete schnell färbt, sollten Sie Handschuhe tragen. Die Karotten werden auch gewaschen, geschält und in die Schüssel gerieben.
Dann schneiden Sie die Zitrone in zwei Hälften und pressen den Saft einer Hälfte über der Schüssel aus. Der Salat wird gewaschen, zerteilt und in die Schüssel gegeben. Dann schneiden Sie den Schafskäse in kleine Würfel. In die Schüssel kommt nun der Schafskäse, die andere Hälfte des Zitronensaftes, in die andere Hälfte, Essig, Öl, Salz und Pfeffer. Alles wird gut durchgemischt.

Gemüse - Omelette

Zutaten (Zwei Personen)

4 Eier
1 Zwiebel
2 rote Paprika
Pfeffer
Salz
4 EL Milch (1,5% Fett)
6 Champignons
30 g würziger Käse am Stück
Petersilie
Rapsöl

Die Zwiebel bitte schälen und klein schneiden. Die Eier aufschlagen und in einer Schüssel mit Pfeffer und etwas Salz und der Milch vermischen. Die Pilze werden gereinigt und in Scheiben geschnitten. Dann waschen Sie die Paprika und schneiden diese in Streifen. Der Käse wird fein gerieben. Stellen Sie eine Pfanne auf den Herd und geben Sie Öl dazu. Sobald es erhitzt ist, kommen die Zwiebel, die Paprika und die Pilze dazu. Alles sollte etwa 3,5 Minuten angedünstet werden. Jetzt können Sie die Eier darüber gießen und alles etwa 10 Minuten stocken lassen. Sobald das Omelette fertig ist, wird Petersilie darüber gestreut.

Gemischter Salat mit Gurken

Zutaten (Eine Person)

1 Gurke
1 halbe rote Paprika
250 g Chinakohl
200 g Feldsalat
2 EL Leinöl
1 EL Essig
Senf
Pfeffer
Salz
25 g Leinsamen
25 g Hanfsamen

Die Gurke waschen und in Scheiben schneiden. Die Paprika, den Feldsalat und den Chinakohl waschen und klein schneiden.
In eine Schüssel geben Sie Öl, Essig, etwas Senf, Pfeffer und Salz. Dann gut vermischen. Das Dressing nun mit dem Salat vermischen und den Leinsamen sowie den Hanfsamen darüber verstreuen.

Frischer Reissalat

Zutaten (Zwei Personen)

100 g Reis (Vollkorn)
2 Paprika
2 Tomaten
300 ml Gemüsebrühe
2 EL Olivenöl
Senf
2 Zehen Knoblauch
2 TL Rotweinessig
Pfeffer
Schnittlauch

Der Reis wird in der Gemüsebrühe gargekocht. Paprika und Tomaten bitte waschen und klein schneiden. Knoblauch bitte schälen und klein schneiden.

In einer Schüssel vermischen Sie Olivenöl, Senf, Essig und den zerdrückten Knoblauch. Dann kommen die übrigen Zutaten in die Schüssel und werden gut vermischt und mit Pfeffer gewürzt. Nach etwa 20 Minuten servieren.

Leichter Kartoffelsalat mit Joghurt

Zutaten (Zwei Personen)

3-4 Kartoffel
½ Gurke
400 g Joghurt (1,5% Fett)
50 g Schnittlauch
20 g Petersilie
1EL Olivenöl
Pfeffer
Salz

Die Kartoffeln schälen und in einem Topf mit Wasser und Salz gar-kochen. Die Gurke waschen, halbieren und in kleine Scheiben schneiden. Schnittlauch und Petersilie klein schneiden. Nach dem Kochen werden die Kartoffeln eine Weile abgekühlt. Dann schneiden Sie diese in kleine Stücke, die in eine Schüssel gegeben werden. Dazu kommen Gurke, Joghurt, Schnittlauch und Petersilie. Alles bitte gut vermischen. Dann etwas Öl dazu geben und erneut mischen. Zum Schluss mit Pfeffer und Salz würzen.

Paprikasalat mit Apfel

Zutaten (Eine Person)

1 rote Paprika
1 Apfel
1 Zucchini
1 EL Rapsöl
1 EL Essig
10 g Schnittlauch
Pfeffer
Salz
Senf
20 g Haselnüsse

Die Paprika, den Apfel und die Zucchini waschen und zerteilen. Alles in einer Schüssel vermischen. Die Haselnüsse werden klein gehackt. In eine Schüssel kommen etwas Essig, Öl, Senf und Schnittlauch. Dann Pfeffer und Salz dazu geben und gut vermischen. Anschließend mischen Sie das Dressing zu Paprika, Apfel und Zucchini.

Rotkohl Salat mit Mandarinen

Zutaten (Zwei Personen)

½ Kopf Rotkohl
150 g Lauch
1 Zwiebel
4 Mandarinen (süß)
100 g Heidelbeeren
2 EL Olivenöl
Salz
Pfeffer
1 EL Essig
Senf
Kräuter
Petersilie
Minze
Prise Zimt

Den Rotkohl waschen und klein hobeln. Die Mandarinen schälen (Kerne entfernen) und in Scheiben schneiden. Petersilie und Lauch klein schneiden. Die Heidelbeeren gut waschen. Alles zusammen mit der Minze in eine Schüssel geben.
In einer anderen Schüssel das Dressing mit wenig Essig, Wasser, Öl, Pfeffer und Salz mischen.
Danach den Inhalt der ersten Schüssel in die zweite Schüssel geben und gut mischen. Etwas für 20 Minuten stehen lassen. Dann eine Prise Zimt einstreuen und servieren.

Avocado Salat mit Birne

Zutaten (Eine Person)

1 Avocado
1 Birne
150 g Eisbergsalat
1 Zwiebel
Essig
2 EL Olivenöl
Pfeffer
Salz
Zitronensaft
Senf
Schnittlauch
1 EL Sesamsamen

Die Avocado wird geschält und in kleine Stücke geschnitten.
Ebenso wird die gewaschene Birne in kleine Stücke geschnitten. Die Zwiebel schälen und klein schneiden.
Den Eisbergsalat waschen, zerkleinern und zusammen mit der Avocado, der Zwiebel und der Birne in eine Schüssel geben und vermischen.
In eine weitere Schüssel etwas Wasser, Öl, etwas Essig, ein TL Zitronensaft und Senf nach Bedarf geben. Gut vermischen und den Inhalt in die Schüssel mit dem Salat geben. Dann wieder vermischen.
Zum Schluss etwas Schnittlauch und den Sesamsamen darüber verstreuen.

Frischer Feldsalat mit Pilzen

Zutaten (Eine Person)

200 g Feldsalat
120 g Champignons (Glas)
2 EL Rapsöl
1 EL Essig
1 Zwiebel
Salz
Pfeffer
Senf

Der Feldsalat muss gut gewaschen werden. Dann in kleine Röschen zerteilen. Die Pilze ebenfalls waschen und klein schneiden. Nun geben Sie ÖL, Essig etwas Salz, Pfeffer und Senf in eine Schüssel. Dann gut vermischen. Die Zwiebel wird geschält und kleingeschnitten. Sie kommt ebenfalls in die Schüssel. In die Schüssel mit dem Dressing geben Sie jetzt den Salat und die Pilze. Noch einmal vermischen und dann servieren.

Traditioneller Kartoffelsalat

Zutaten (Zwei Personen)

3-5 Kartoffeln
1 Zwiebel
3 EL Rapsöl
1 EL Essig
1/2 EL Senf
20 g Schnittlauch
Pfeffer
Salz

Die Kartoffel bitte schälen und in einem großen Topf mit Wasser und Salz für etwa 20 - 25 Minuten kochen. Nach dem Abkühlen schneiden Sie die Kartoffel klein. Die Zwiebel schälen und klein schneiden. In eine Schüssel kommen Kartoffel, Zwiebel, Rapsöl, Essig, Senf und Schnittlauch. Alles wird gut vermischt. Dann mit Pfeffer und Salz würzen.

Reis Salat mit Orange

Zutaten (Zwei Personen)

250 g Reis (Vollkorn)
1 Orange (süß)
200 g Chinakohl
100 Kopfsalat
1 Tomate
Petersilie
Pfeffer
Essig
Senf
Salz
Olivenöl
2 Esslöffel Gepresster Orangensaft
2 Esslöffel getrocknete Heidelbeeren

Der Reis wird im Topf mit Salz und Wasser gargekocht (etwa 12-15 Minuten). Es folgt das Reinigen und Schneiden des Chinakohls, des Kopfsalats und der Tomate. Die Orange wird geschält, gesäubert und in kleine Scheiben geschnitten.
Pfeffer, Salz, Wasser, Essig, Senf, Orangensaft und das Olivenöl in eine Schüssel geben und gut durchmischen. Dann mit Salz und Pfeffer noch nachwürzen, falls nötig. Anschließend den Reis, den Chinakohl, den Kopfsalat, die Tomate, Petersilie und die Orange in die Schüssel geben und mischen. Dann streuen Sie noch die getrockneten Heidelbeeren ein.

Süßer Avocado Salat

Zutaten (Eine Person)

1 Avocado
1 Birne
150 g Eisbergsalat
1 Zwiebel
Essig
2 EL Olivenöl
Pfeffer
Salz
Zitronensaft
Senf
Schnittlauch
1 EL Sesamsamen

Die Avocado wird geschält und in kleine Stücke geschnitten.
Ebenso wird die gewaschene Birne in kleine Stücke geschnitten. Die Zwiebel schälen und klein schneiden.
Den Eisbergsalat waschen, zerkleinern und zusammen mit der Avocado, der Zwiebel und der Birne in eine Schüssel geben und vermischen.
In eine weitere Schüssel etwas Wasser, Öl, etwas Essig, ein TL Zitronensaft und Senf nach Bedarf geben. Gut vermischen und den Inhalt in die Schüssel mit dem Salat geben. Dann wieder vermischen.
Zum Schluss etwas Schnittlauch und den Sesamsamen darüber verstreuen.

Blumenkohl-Salat

Zutaten (Eine Person)

150 g Blumenkohl
2 Karotten
1 Paprika
Olivenöl
Salz
Pfeffer
1 Teelöffel Leinsamen
1 Teelöffel Hanfsamen
1 Teelöffel Sesam Samen
Essig
Senf

Den Blumenkohl und die Karotten erst waschen, kleinschneiden und leicht im Dampfgarer andünsten. Die Paprika waschen in Scheiben schneiden.
In eine Schüssel, Öl, Essig, Wasser, Senf, Salz und Pfeffer geben und mischen.
Dann den Blumenkohl, Karotten und Paprika in die Schüssel geben und erneut mischen. Nun streuen Sie den Sesamsamen, Leinsamen und Hanfsamen ein. Anschließend servieren.

Bunter Karotten-Salat

Zutaten (Eine Person)

3 Karotten
350 g Chinakohl
2 rote Zwiebeln
30 g Mandeln
20 g Sesamsamen
Olivenöl
1 frische Ingwer Knolle
Essig
Senf
Honig
Pfeffer
Salz
Sojasauce
Sesamöl

Die Karotten waschen und längs in kleine Streifen schneiden.
Den Chinakohl waschen und ebenfalls längs in Streifen schneiden. Beides in eine Schüssel geben. Dann die Sojasauce, den geriebenen Ingwer (50 g) hineingeben.
Nun in eine weitere Schüssel Essig, Salz, Pfeffer, Öl, etwas Wasser, Honig (1 TL) geben und gut mischen. Karotten und Chinakohl in die Schüssel mit dem Dressing geben und mischen.
Die Mandeln und den Sesamsamen in einer kleinen Pfanne kurz anrösten und auf dem Salat verstreuen.

Kartoffel mit Quark

Zutaten (Eine Person)

4 Kartoffel
200 g Quark (mager)
Wasser
1EL Leinöl
15 g Schnittlauch
15 g Petersilie
Salz
Pfeffer

Die Kartoffeln werden geschält und in einem Topf mit Wasser und Salz für etwa 20 Minuten gargekocht. Den Quark mit Wasser, Leinöl vermischen und dann mit Pfeffer und Salz würzen. Dann den klein geschnittenen Schnittlauch und Petersilie über den Quark verstreuen. Zusammen mit den Kartoffeln servieren.

Sellerie Salat mit Rucola

Zutaten (Zwei Personen)

200 g Sellerieknolle
1 Paprika
3 EL Nussöl
1 Bund Rucola
1 TL Zitronensaft
1 EL Essig
Senf
Pfeffer
Stevia

Sellerie, Paprika und Rucola gründlich waschen. Alles wird klein geschnitten und mit Zitronensaft und etwas Wasser vermischt. Dann Öl, Essig, etwas Senf, eine Prise Stevia und Pfeffer in eine Schüssel geben und vermischen. Sellerie, Paprika und Rucola kommen dann in diese Schüssel und werden mit dem Dressing vermischt.

Frisches Zwiebelomelette

Zutaten (Eine Person)

3 Eier
2 Zwiebeln
50 g Vollkornbrot
1EL Rapsöl
Salz
Pfeffer
20 g Leinsamen
20 g Sesamsamen
10 ml Sojasauce

Die Eier aufschlagen und in ein Gefäß schütten und durchrühren, sodass sich Eiweiß und Eigelb verbinden. Nun schälen Sie die Zwiebeln und schneiden diese in kleine Stücke.

In eine Pfanne kommen nun Rapsöl und die Zwiebeln. Diese werden angedünstet. Dann bitte die Eiermasse dazu geben und für etwa 5 Minuten stocken lassen und regelmäßig wenden. Mit Pfeffer und Salz würzen. Dann das in kleine Würfel geschnittene Vollkornbrot, den Leinsamen und Sesamsamen dazu geben und mit der Sojasauce bestreuen.

Forelle-Gemüse-Mix

Zutaten (Eine Person)

1 frische Forelle
1 halbe Paprika
150 g Chinakohl
100 g Eisbergsalat
1 Karotte
2 EL Olivenöl
1 EL Essig
50g Vollkornbrot
Pfeffer
Salz
Senf
1EL Meerrettich (Glas)

Die Forelle waschen, entgräten und klein schneiden. Den Chinakohl, Paprika und Eisbergsalat waschen und klein schneiden. Die Karotte waschen, schälen und klein hobeln. Das Brot in kleine Würfel schneiden. Nun geben Sie den Salat, die Paprika, die Karotte in eine Schüssel. In einer anderen Schüssel mischen das Dressing mit Öl, Essig, Wasser, Pfeffer Salz und Senf. Dann den Salat und Gemüse mit dem Dressing vermischen. Nun verteilen Sie den Salat auf den Tellern und geben jeweils kleine Stückchen Fisch mit Meerrettich darüber.
Dann streuen Sie noch die kleinen Brotwürfel darüber.

Blumenkohl-Brokkoli-Salat

Zutaten (Eine Person)

100 g Blumenkohl
150 g Brokkoli
2 Karotten
1 Paprika
Olivenöl
Salz
Pfeffer
1 Teelöffel Leinsamen
1 Teelöffel Hanfsamen
1 Teelöffel Sesam Samen
Essig
Senf

Den Blumenkohl mit den Brokkoli und den Karotten erst waschen, klein schneiden und leicht im Dampfgarer andünsten. Die Paprika waschen in Scheiben schneiden.
In eine Schüssel, Öl, Essig, Wasser, Senf, Salz und Pfeffer geben und mischen. Dann den Blumenkohl, Brokkoli, Karotten und Paprika in die Schüssel geben und erneut mischen. Nun streuen Sie den Sesamsamen, Leinsamen und Hanfsamen ein.
Anschließend servieren.

Leichte Forelle auf Vollkornbrot

Zutaten (Zwei Personen)

2 Scheiben Vollkornbrot
120 g Forelle
1 Zwiebel
1EL Rapsöl
1EL Zitronensaft
10 g Petersilie
10 g Schnittlauch
Salz
Pfeffer
1TL Meerrettich (Glas)

Jedes Brot wird mit Rapsöl bestrichen. Dann schälen Sie die Zwiebel, zerkleinern diese und geben die Stücke auf die Brote. Die Brote würzen Sie mit wenig Salz und Pfeffer und geben diese dann in den Backofen, wo sie bei 180 Grad für etwa 10 Minuten gebacken werden. Dann schneiden Sie die Forelle in kleinere Stücke und belegen damit die Brote. Nun kommen noch Zitronensaft, Schnittlauch, Meerrettich und Petersilie auf die Forelle.

Tomatensalat mit Paprika

Zutaten (Eine Person)

6 Tomaten
1 Paprika
Olivenöl
Salz
Pfeffer
1 Teelöffel Leinsamen
1 Teelöffel Hanfsamen
1 Teelöffel Sesam Samen
Essig
Senf

Die Tomaten werden gewaschen und in kleine Scheiben geschnitten. Die Paprika ebenso waschen in Scheiben schneiden.
In eine Schüssel Öl, Essig, Wasser, Senf, Salz und Pfeffer geben und gut mischen. Dann kommen Tomaten und die Paprika in die Schüssel. Zum Schluss geben Sie Leinsamen, Hanfsamen und Sesamsamen dazu.

Gebackene Zucchini mit Lachs

Zutaten (Zwei Personen)

2 Zucchini
150 g Vollkornbrot
200 g Lachs
1EL Zitronensaft
Salz
Pfeffer
15 g Schnittlauch
25 g geriebener Käse

Die Zucchini werden in zwei Hälften geschnitten und mit dem Löffel ein Stück weit ausgehöhlt. Das Vollkornbrot schneiden Sie kleine Stücke und erhitzen diese in der Heißluftfritteuse für etwa 10 Minuten bei 160 Grad. Wenn diese schön kross gebacken sind, geben sie die Stückchen in die Zucchinihälften und schieben diese bei 180 Grad für 15 Minuten in den Ofen zum Backen.

Der Lachs wird währenddessen gewaschen, portioniert und mit Pfeffer und Salz gewürzt. Er kommt für etwa 20 Minuten in die Heißluftfritteuse. Nach ca. 10 Minuten streuen Sie den Käse über die Zucchinihälften. Sobald alles fertig ist, werden die Zucchinihälften noch mit dem Schnittlauch garniert. Der Zitronensaft wird über dem Lachs verteilt.

Linsensalat mit Tomaten

Zutaten (Eine Person)

120 g Linsen
6 Tomaten
Petersilie
2 Zwiebeln
Eine Hand voll Pistazien
Pfeffer
Salz
Kräuter
2 EL Olivenöl
1 EL Essig
Zitronensaft
25 g Geriebener Käse

Erst werden die Linsen für etwa 30 Minuten im Topf mit ein wenig Salz gekocht. Zwiebeln schälen und klein schneiden.
Geschälte Pistazien in einer kleinen Pfanne kurz anrösten und dann in eine Schüssel mit den klein geschnittenen Tomaten, den Linsen und der ebenfalls geschnittenen Petersilie geben.
In einer zusätzlichen Schüssel etwas Wasser mit Salz, Öl, wenig Essig, Zitronensaft und Pfeffer geben und gut mischen.
Dann über die Linsen verteilen noch einmal mit Pfeffer und Salz würzen. Anschließend den geriebenen Käse über das Gericht streuen und servieren.

Champignon Omelette

Zutaten (Eine Person)

30 g Zwiebeln
25 g Champignons
35 g Butter
2 Eier
Wasser
Salz Pfeffer
Petersilie

Zuerst schneiden Sie die Pilze und die Zwiebel klein und geben sie mit Butter in einer Pfanne zum Anbraten. Im zweiten Schritt geben sie die Eier in eine Schale mit etwas Wasser und mischen diese gut durch. Mit ein wenig Salz und Pfeffer würzen. Erneut kommt Butter in eine Pfanne und sollte erhitzt werden. Geben Sie die Masse (Ei) rein. Erst gut erhitzen, dann herunterschalten und stocken lassen.

Wenn das Omelette fest wird, geben Sie die Pilze mit den Zwiebeln und der Petersilie darauf und klappen es um.

Feurige Gemüse Pfanne

Zutaten (Eine Person)

150 g Paprika
250 g Karotten
200 g Chinakohl
100 g Brokkoli
100 g weiße Bohnen (Glas)
1 Zwiebel
1 Zehe Knoblauch
3 EL Rapsöl
Pfeffer
Salz
Chili

Paprika, Karotten, Chinakohl und Brokkoli waschen und zerteilen. Die Karotten und Paprika werden klein geschnitten.

Die Zwiebel bitte schälen und klein schneiden. Die Knoblauchzehe ebenfalls schälen und klein schneiden.

Eine Pfanne mit etwas Rapsöl erhitzen, Zwiebel und Knoblauch in die Pfanne geben und andünsten. Dann folgen Paprika, Chinakohl, Karotten und weiße Bohnen. Alles bitte soweit garen, dass es bissfest bleibt. Danach noch mit Pfeffer, Salz und Chili nach Bedarf würzen.

Feiner Kohl Salat

Zutaten (Eine Person)

200 g Kartoffeln
100 g Blumenkohl
100 g Chinakohl
70 g Paprika
100 g Karotten
2 Tomaten
1 Naturjoghurt (10 % Fett)
Petersilie
Pfeffer
Essig
Senf
Salz
Olivenöl

Die Kartoffeln schälen und auf ein Backblech mit Backpapier geben. Den Blumenkohl, die Karotten und Paprika, waschen und in kleine Stücke schneiden.

Die Kartoffeln nun mit Öl, Pfeffer und Salz einstreichen und bei 200 Grad im Ofen für 30 Minuten backen. Nach 17 Minuten den Ofen öffnen und das Gemüse auf das Backblech geben. Zuvor gut mit Pfeffer und Salz würzen.

Die Tomaten werden klein geschnitten. Nun geben Sie Öl, Essig, Wasser, Senf, Salz und Pfeffer in eine Schüssel und mischen gut durch. Auf einer Platte Kartoffel und Gemüse anrichten, Joghurt dazu geben und das Dressing darüber geben. Petersilie klein geschnitten einstreuen.

Spargel-Salat mit Reis

Zutaten (Eine Person)

450 g weißer Spargel
200 g Reis (Vollkorn)
200 g Tomaten
Petersilie
1 El Essig
Salz
1,5 El Olivenöl
Zitronensaft
1 Zehe Knoblauch
30 g Lauch
25 g Mandeln

Den Spargel waschen, schälen und auf ein Backblech (Backpapier) ausbreiten, mit Olivenöl bestreichen. Bei 180 Grad in den Ofen schieben und für 20 Minuten erhitzen.
Den Reis im Topf mit Wasser und Salz für etwa 15 Minuten garkochen. Die Mandeln werden in einer kleinen Pfanne geröstet.

Dann geben sie bitte Salz, Pfeffer, Öl, Wasser, Zitronensaft, die zerdrückte Zehe Knoblauch und den geschnittenen Lauch in eine Schüssel und mischen gut durch.

In einer weiteren Schüssel mischen Sie den Reis mit Tomaten, Spargel und geben das Dressing darüber. Zum Schluss streuen Sie die gerösteten Mandeln über den Salat und servieren ihn.

Ofenkartoffel mit Lachs

Zutaten (Zwei Personen)

4 Kartoffel
200 g Lachsfilets
20 g Sesamsamen
20 g Hanfsamen
3 EL Rapsöl
Pfeffer
Etwas Minze
Salz
1EL Zitronensaft

Die Kartoffel waschen, schälen und vierteln. Der Lachs wird gewaschen und in 50 g Stücke portioniert. Anschließend den Lachs mit Pfeffer und Salz würzen. Die Kartoffeln werden mit Rapsöl eingestrichen und mit Pfeffer und Salz gewürzt. Nun kommen diese zusammen mit dem Lachs auf ein Backblech (mit Backpapier). Den Backofen auf 200 Grad anheizen und das Blech hineinschieben. Nach etwa 35 Minuten mit einer Gabel prüfen, ob die Kartoffeln gar sind. Falls ja, auf einem Teller anrichten, Zitronensaft und etwas Minze über dem Lachs verteilen.

Blumenkohlauflauf

Zutaten (Zwei Personen)

200g Blumenkohl
300 g Kartoffeln
Rapsöl
Pfeffer
Muskat
50ml Milch
50 ml Sahne
20 g geriebener Käse
50 ml Gemüsebrühe

Kartoffeln und Blumenkohl in kleine Scheiben bzw. Stücke schneiden. Alles zusammen im Dampfgarer für 25 Minuten garen oder in Salzwasser im Topf auf dem Herd garen.
Kartoffeln und den Blumenkohl in eine mit Öl gefettete Form geben und mit Pfeffer und Muskat würzen.

In einem Topf nur wenig Mehl erhitzen, dann mit Gemüsebrühe und Sahne ablöschen. Nach etwa 8 Minuten die Sahne hinzugeben und den geriebenen Käse ausdauernd einrühren. Anschließend wird mit Salz und Pfeffer noch gewürzt.
Dann geben Sie die Sauce über den Auflauf und bestreuen ihn mit geriebenem Käse. Es folgt das Backen bei 200 Grad für 25 Minuten im Ofen.

Lachs mit Gemüse

Zutaten (2 Personen)

200 g tiefgekühlter Lachs
200 g Reis (Vollkorn)
100 g Brokkoli
50 g Paprika
50 g Chinakohl
Pfeffer
Salz
Schnittlauch
Wasser
Kräuter

Der Reis wird im Topf mit etwas Salz für etwa 12 Minuten gekocht. Bevor der Lachs in die Heißluftfritteuse kommt, würzen Sie ihn mit Pfeffer und etwas Salz. Dann gart er in der Fritteuse für 20 Minuten bei etwa 170 Grad.
Das gewaschene Gemüse schneiden Sie klein und garen es bei kleiner Temperatur im Dampfgarer oder alternativ in der Mikrowelle mit etwas Wasser bei 600 Watt für 1,5 – 2 Minuten.

Reis und Gemüse wird dann gemischt und mit Pfeffer und Kräutern leicht gewürzt. Zuletzt streuen Sie noch Schnittlauch über den Gemüsereis und servieren ihn mit dem Lachs auf einem Teller.

Kartoffel mit Avocado

Zutaten (1 Person)

2 Kartoffel
1 Avocado
1 halbe Zwiebel
1 Tomate
1 EL Leinöl
Zitronensaft
Pfeffer
Salz

Die Kartoffeln schälen, im Topf mit Wasser und Salz garkochen. Dann schneiden Sie die Avocado auf und schaben das Fruchtfleisch mit einem Löffel aus. Es kommt in den Mixer. Die Tomate bitte waschen und klein schneiden. Die Zwiebel schälen und kleinschneiden.

Die Hälfte davon kommt mit der Tomate und dem Leinöl in den Mixer. Mit etwas Zitronensaft gut vermischen. Die fertigen Kartoffeln werden dann klein aufgeschnitten und der Avocado-Mix wird darüber gegeben.

Spargel-Toast überbacken

Zutaten (Eine Person)

Ein kleines Glas mit Spargel
2 Scheiben Vollkornbrot
Senf
1 EL Rapsöl
2 Scheiben fettarmer Käse
Etwas Schnittlauch und Petersilie
1TL Zimt

Die Vollkornbrot Scheiben bestreichen Sie mit Senf. Dann legen Sie den Spargel auf und platzieren jeweils eine kleine Scheiben Käse darauf. Jetzt kommt der Toast in den Backofen, auf 170 Grad erhitzt wird. Nach etwa 10 Minuten nehmen Sie den Toast heraus und streuen Schnittlauch und Petersilie darüber.

Grünes Gemüse mit Reis

Zutaten (Eine Person)

250 g Reis (Vollkorn)
100 g Brokkoli
50 g Zucchini
50 g Chinakohl
1 EL Sesamöl
1 EL Sojasauce
20 g Leinsamen
20 g Hanfsamen
Salz
Pfeffer

Den Reis kochen Sie im Topf mit reichlich Wasser und wenig Salz für etwa 15 Minuten. Das Gemüse wird erst gewaschen und dann zerteilt bzw. klein geschnitten. Es kommt für ca. 5 Minuten in den Dampfgarer bis es leicht angedünstet ist. Danach mit Pfeffer und Salz würzen.

Nun vermischen sie den Reis mit dem Gemüse und geben Sesamöl und die Sojasauce dazu. Wieder vermischen. Zum Schluss streuen Sie den Leinsamen und Hanfsamen über das Gericht.

Pfirsich-Toast mit Käse

Zutaten (Eine Person)

2 Scheiben Vollkornbrot
1 Pfirsich
Senf
1 EL Rapsöl
2 Scheiben fettarmer Käse
Etwas Schnittlauch und Petersilie
1TL Zimt
2 Datteln

Die Vollkornbrot-Scheiben bestreichen Sie mit Senf. Den Pfirsich bitte gut waschen und in kleine Scheiben schneiden.
Dann legen Sie die Pfirsich-Scheiben auf das Bot und platzieren jeweils eine kleine Scheiben Käse darauf. Jetzt kommen die Toasts in den Backofen, der auf 170 Grad erhitzt wird. Nach etwa 10 Minuten nehmen Sie die Toasts heraus und streuen Schnittlauch und Petersilie darüber. Die Datteln werden klein geschnitten und darüber verstreut.

Gemüse-Omelette mit Chili

Zutaten (Eine Person)

3 Eier
100 g Paprika
100 g Weißkohl
100 g Zucchini
Eine Zwiebel
Chili
Pfeffer
Salz
2 EL Rapsöl

Die Paprika, den Weißkohl und die Zucchini waschen und klein schneiden. Die Zwiebel bitte schälen und zerkleinern. Die Eier aufschlagen und in eine kleine Schüssel geben und gut mischen.
Dann geben Sie etwas Öl in eine bereits heiße Pfanne. Danach kommen die Zwiebeln hinein. Wenn diese angedünstet wurden, geben Sie das Gemüse dazu. Dann nach kurzer Zeit bitte die Eier dazu geben und stocken lassen. Anschließend kommen noch Chili (je nach Bedarf) hinzu. Mit Pfeffer und Salz nachwürzen und servieren.

Fischfilets mit Reis und Gemüse

Zutaten (Zwei Personen)

180 g Fischfilets (z.B. Seelachs)
200g Paprika
200g Gurken
200g Karotten
150 g Erbsen
220 g Reis (Vollkorn)
150 ml Gemüsebrühe
10 g Dill
2 EL Rapsöl
Salz
Pfeffer

Der Reis wird im Topf mit Salzwasser für etwa 20 Minuten gekocht. Die Paprika, Gurken, Karotten und Erbsen werden gewaschen und zerkleinert. Dann geben Sie die gewaschenen und mit Pfeffer verfeinerten Fischfilets in eine Pfanne mit Rapsöl und braten diese auf beiden Seiten etwa 10 Minuten an. Danach geben Sie das Gemüse dazu und dünsten es zusammen mit dem Fisch für 7 Minuten. Die Gemüsebrühe gießen Sie über den Fisch und das Gemüse. Geben Sie noch Dill auf den Fisch. Dann servieren Sie den Reis zusammen mit dem Fisch und dem Gemüse. Bei Bedarf noch etwas mit Salz würzen.

Gemüse - Fruchtpfanne

Zutaten (Eine Person)

200 g Weißkohl
200 g Zucchini
150 g Paprika
1 Zwiebel
1 Apfel
1 Birne
2 EL Rapsöl
½ EL Sojasauce
Pfeffer
Salz

Den Weißkohl, Zucchini und Paprika waschen und in kleine Stücke zerteilen. Die Zwiebel wird geschält und klein geschnitten. Apfel und Birne bitte waschen und kleinschneiden. Nun stellen Sie eine größere Pfanne auf den Herd und erhitzen diese. Dann die Zwiebel dazu geben und mit Öl und kurz andünsten lassen. Anschließend kommen Gemüse und Früchte hinzu. Diese werden kurz angebraten. Dann die Temperatur reduzieren und stocken lassen. Jetzt gießen Sie die Sojasauce über das Gericht und würzen noch mit Pfeffer und Salz.

Gebratene Curry-Bananen mit Reis

Zutaten

250 g Reis (Vollkorn)
4 Bananen
1 Pfirsich
2 EL Rapsöl
½ EL Sojasauce
1 TL Curry
Pfeffer
Salz
2 Datteln

Den Reis in einem Topf mit Wasser und Salz für etwa 15 Minuten garkochen. Die Bananen werden geschält und in einer Pfanne mit Öl angebraten. Immer wieder wenden und den Saft der Banane darüber gießen und mit Curry garnieren. Den Pfirsich waschen und klein schneiden und dann in die Panne geben. Kurz andünsten. Dann wird der Reis mit dem Inhalt der Pfanne gemischt. Anschließend mit Pfeffer und wenig Salz würzen und die Sojasauce dazu geben. Die Datteln werden klein geschnitten und darüber verstreut

Reis Salat mit roter Beete

Zutaten (Zwei Personen)

220 g Reis (Vollkorn)
2 rote Beete
30 g getrocknete Heidelbeeren.
Olivenöl
Pfeffer
Salz
Senf
Petersilie
60g Feta Käse
Ein Esslöffel Sesamsamen
Essig (Balsamico)
Eine Zehe Knoblauch

Erst wird der Reis im Topf mit Salz und Wasser gargekocht.
Die rote Beete schälen, in kleine Scheiben schneiden und auf dem Backblech mit Olivenöl bestreichen, mit Salz und Pfeffer würzen und bei 180 Grad im Backofen 35 Minuten rösten.
Essig, Salz, Öl, etwas Wasser, Senf, zerdrückter Knoblauch in eine Schüssel geben und gut mischen.
Den Reis geben Sie nun mit den Heidelbeeren und der klein gehackten Petersilie in die Schüssel und mischen durch. Dann folgt die rote Beete. Der Feta Käse wird mit dem Sesamsamen darüber verteilt.

Reis mit Gemüse

Zutaten (Zwei Personen)

200g Paprika
200g Gurken
200g Karotten
150 g Erbsen
220 g Reis (Vollkorn)
150 ml Gemüsebrühe
Salz
Pfeffer

Das Gemüse wird erst gereinigt und dann in kleine Stücke geschnitten. Dann kochen Sie den Reis in einem Topf mit Salzwasser. Bitte nicht zu viel Salz verwenden. Paprika, Erbsen und Karotten kurz im Dampfgarer andünsten. Dann können Sie den Reis mit dem Gemüse mischen, mit Salz und Pfeffer würzen und in Tellern servieren.

Chinakohl Salat mit Mango

Zutaten (Zwei Personen)

Ein Chinakohl
6 Zehen Knoblauch
6 Schalotten
2 Chilischoten
1 EL Kokosöl
Eine reife Mango
25 g Mandeln
Schnittlauch
Eine Limone
2 TL Sojasauce
Limonensaft
130 g Kokosnussmilch

Chinakohl waschen und zerteilen oder in kleine Stücke schneiden. Die Mango klein schneiden. Chilischoten in Scheiben schneiden. Schalotten in Scheiben schneiden. Den Knoblauch zerkleinern bzw. leicht zerdrücken.

In einer tiefen Pfanne die Chilischoten, Knoblauch und Schalotten für etwa 8 Minuten anbraten.

In einer Schüssel, Kokosnussmilch, Sojasauce, Schnittlauch und Limonensaft mischen.

Nun die Mango und den Chinakohl in eine Schüssel geben und das Dressing darüber verteilen. Dann Chili, die angebratenen Schalotten und Knoblauch in die Schüssel geben, leicht vermischen und die zerkleinerten Mandeln darüber geben.

Braune Linsen mit Steinpilzen

Zutaten (Zwei Personen)

350 g Linsen
25 g Steinpilze
220 g Weißkohl
200g Champignons
Olivenöl, Salz
Pfeffer
1 Karotte
1 Zwiebel
Essig
Thymian
40 g Tomaten
2 Zehen Knoblauch
Petersilie
50 ml Weißwein

Erst geben Sie die Steinpilze in eine Schüssel mit kochendem Wasser. Für etwa 25 Minuten stehen lassen. Danach die Pilze aus dem Wasser nehmen.
Linsen, zerteilte Karotte, geschnittene Zwiebel und Thymian in einen Topf geben und kochen lassen. Nach kurzer Zeit auf kleine Flamme stellen und 30 Minuten auf dem Herd lassen.
Danach Thymian entfernen und die Linsen in eine Schüssel geben.
Über die Linsen Öl und Essig verteilen.
Den geschnittenen Weißkohl für etwa Minuten 15 im Topf mit einer Prise Salz kochen.

Nun die Pilze zusammen in einer Pfanne mit Öl anbraten.

Der zerdrückte Knoblauch und die Tomaten kommen auch in die Pfanne. Jetzt kommen der Weißwein und dann das Kochwasser der Pilze hinzu. Alles weiter kochen lassen.
Die angebratenen Pilze und den Weißkohl hinzugeben und immer wieder rühren.
Wenn ein großer Teil des Wassers verkocht ist, alles in die Schüssel mit den Linsen geben, mit Salz und Pfeffer würzen und Petersilie darüber geben.

Frischer Nudelsalat

Zutaten (Zwei Personen)

450 g Dinkel Nudeln
300 g Tomaten (Cherry)
80 g magerer Schinken
1 Zwiebel
130 g Käse (z.B. Mozarella) nach Wahl
50 g geriebener Käse
Pfeffer
Salz
Schnittlauch
Senf
Essig
50g Rucola
Basilikumblätter

In einem großen Topf werden die Nudeln mit viel Wasser und wenig Salz bissfest gekocht.
Den Schinken in einer kleinen Pfanne mit Öl leicht anrösten (2-3 Minuten). Die Zwiebel schälen und zerkleinern. Die Tomaten werden gewaschen und geviertelt. Dann die Nudeln, Schinken, Tomaten die Zwiebel und den Käse samt Basilikum Blätter und Rucola in eine Schüssel geben und mischen. Oliven plus Essig darüber geben, mit Salz und Pfeffer würzen und dann vermischen. Anschließend geriebenen Käse über den Salat streuen.

Feine Putenfilets mit Reis

Zutaten (Zwei Personen)

400 g Putenbrustfilet
400 g Reis (Vollkorn)
1 Zwiebel
3 Lauchzwiebeln
Curry
100 g Schlagsahne
150 g Gemüsebrühe
Salz
Pfeffer
Etwas Mehl

Das Filet waschen, trocknen, in kleine Stücke schneiden und mit Salz und Pfeffer würzen. Mit etwas Öl in der Pfanne anbraten und wieder herausnehmen.
Dann scheiden Sie die zuvor gewaschenen Zwiebeln klein. Die Lauchzwiebeln können in Ringe geschnitten werden. Diese werden zusammen in der Pfanne mit Öl kurz angebraten.
Nun kommen ein wenig Mehl und das Currypulver hinzu. Beide sollten unter ausdauerndem Rühren kurz angebraten werden.
Dan geben sie die Sahne plus Gemüsebrühe hinein. Alles wird mit dem Putenfleisch gekocht und mit Salz und Pfeffer gewürzt.

Der Reis wird im Topf parallel für ca. 12 Minuten gargekocht.
Anschließend kann das Gericht serviert werden.

Bunter Bohnensalat

Zutaten (Zwei Personen)

1 Dose Bio Bohnen gemischt (350 g)
1 Gurke
200 g Tomaten (Cherry)
1 Zehe Knoblauch
1 Zwiebel
Petersilie
Salz
Pfeffer
Minze
2 EL Olivenöl
Zitronensaft

Die Gurken und Tomaten werden gewaschen und klein geschnitten. Sie kommen mit den Bohnen in eine Schüssel.
Die Zwiebel wird geschält und zerkleinert. Die Knoblauchzehe einfach zerdrücken und auch samt der Zwiebel in die Schüssel geben. Dann kommen noch Petersilie und Minze in die Schüssel.
In einer weiteren Schüssel werden Olivenöl, Zitronensaft, Pfeffer und Salz vermischt. Nun gibt man das Dressing über den Bohnensalat und mischt noch einmal durch.

Reis-Gemüse-Mix

Zutaten (Zwei Personen)

300g Reis (Vollkorn)
1 Zwiebel
200 g Brokkoli
50 g Erbsen
50 g Chinakohl
2 Zehen Knoblauch
1,5 Esslöffel Tomatenmark
Curry
1 Esslöffel Ingwer
Sojasauce
Pfeffer
Salz
Rapsöl

Den Reis im Topf mit Salz und Wasser für etwa 15 Minuten garkochen. Brokkoli, Erbsen, Chinakohl waschen und zerteilen. In einer tiefen Pfanne Öl erhitzen, die zerkleinerte Zwiebel, Knoblauch und Ingwer dazu geben und etwa 5 Minuten anbraten.
Jetzt Curry, Ingwer und Tomatenmark hinzugeben und für zwei Minuten kochen. Dabei bitte stets umrühren damit nichts anbrennt. Nun den Reis dazu geben und für 10 Minuten kochen.
Danach geben Sie die Sojasauce dazu und mischen alles gut durch. Dann wird der Chinakohl, der Brokkoli und die Erbsen dazu gegeben und bei abgedeckter Pfanne für 5 Minuten gegart. Bei Bedarf noch mit Pfeffer nachwürzen.

Aprikosen-Toast mit Käse

Zutaten (Eine Person)

Zwei Scheiben Vollkornbrot
3 Aprikosen
Senf
1 EL Rapsöl
2 Scheiben fettarmen Käse
Etwas Schnittlauch und Petersilie
1TL Zimt
2 Datteln

Die Vollkornbrotscheiben mit Senf bestreichen. Die Aprikosen bitte gut waschen und in kleine Scheiben schneiden.
Dann legen Sie die Aprikosenscheiben auf das Bot und platzieren jeweils eine kleine Scheiben Käse darauf. Jetzt kommen die Toasts in den Backofen, auf 170 Grad erhitzt wird. Nach etwab 10 Minuten nehmen Sie die Toasts heraus und streuen Schnittlauch und Petersilie darüber. Zum Schluss zerkleinern Sie die Datteln und streuen diese über das Gericht.

Sauerkrautsuppe

Zutaten (Zwei Personen)

1 Kartoffel
1 Karotte
½ Stange Lauch
750 ml Gemüsebrühe
150 g Sauerkraut
1 TL Curry
100g Saure Sahne
1 EL Olivenöl
1 Knoblauchzehe
2 Scheiben Vollkornbrot
Pfeffer

Kartoffel und Karotte schälen und grob reiben. Den Lauch bitte waschen und in kleine Stücke schneiden. Das Sauerkraut schneiden Sie auch klein. Die Gemüsebrühe kommt in einen Topf und wird mit Curry und etwas Pfeffer für etwa 15 Minuten gekocht. Dann saure Sahne dazu geben und mit wenig Pfeffer würzen. Den Knoblauch bitte schälen und klein schneiden. Das Vollkornbrot mit etwa Öl und Knoblauch bestreichen und servieren.

Zwiebelsuppe

Zutaten (Zwei Personen)

5 Zwiebeln
200 g Lauch
20 g Schnittlauch
Ein Liter Gemüsebrühe
2 EL Rapsöl
Pfeffer
Salz

Die Zwiebeln schälen und klein schneiden. Dann in einer kleinen Pfanne mit etwas Öl andünsten. Nun kommt die Gemüsebrühe in einen Topf. Den Lauch waschen und klein schneiden. Die Zwiebeln und der Lauch kommen mit etwas Öl in den Topf. Alles wird zum Kochen gebracht und danach für etwa 40 Minuten erhitzt. Dann bitte den Schnittlauch dazu geben und mit Salz und Pfeffer nachwürzen.

Karottensuppe mit Orange

Zutaten (Zwei Personen)

200 g Karotten
1 Kartoffel
1 Zwiebel
10 g frischen Ingwer
400 ml Gemüsebrühe
100 ml Orangensaft
2 EL Olivenöl
1 El Saure Sahne
Schnittlauch
Pfeffer

Karotten, die Kartoffel und die Zwiebel bitte schälen und klein schneiden. Alles in einer Pfanne mit Öl kurz anbraten und dann mit 100 ml Gemüsebrühe für 15 Minuten garen. Danach herausnehmen und pürieren. Dann kommt der Orangensaft dazu. Alles wird mit saurer Sahne vermischt und mit Pfeffer nachgewürzt. Anschließend noch Schnittlauch darüber verstreuen.

Hühnersuppe

Zutaten (Zwei Personen)

Ein Hähnchen (Bio - Qualität)
Wasser
2 Zwiebeln
180 g Reis (Vollkorn)
3 Karotten
1 Knoblauchzehe
100g Erbsen
2 Zwiebeln
250 g Lauch
150g Sellerie
Eine Paprika
Pfeffer
Salz
Petersilie
Schnittlauch

Das Huhn gut waschen, trocknen mit Salz und Pfeffer würzen.

Dann das Huhn, Knoblauch, die Zwiebel mit dem Reis in einen Topf geben und für etwa 30 Minuten garkochen.
Das Fleisch vom Huhn großzügig abtrennen bzw. abschneiden und erneut in den Topf geben. Die Erbsen sowie der zerkleinerte Lauch und der geschnittene Sellerie werden jetzt in den Topf gegeben und für 12 Minuten gekocht. Dann folgen die Karotten.

Je nach Bedarf noch einmal mit Salz und Pfeffer würzen. Schnittlauch und Petersilie in die Suppe geben und dann servieren.

Knoblauch Suppe mit Zwiebeln

Zutaten (Zwei Personen)

1 Zwiebel
1 Knoblauchzehe
2 Karotten
300 ml Gemüsebrühe
400 ml Wasser
250 g Tomaten
1 EL Olivenöl
Pfeffer
Salz

Die Karotten waschen, schälen und klein schneiden. Ebenso die Zwiebel und die Knoblauchzehe schälen und klein schneiden. Tomaten waschen und würfeln.
Zunächst erhitzt man Öl in einem Topf. Die Zwiebel, Knoblauch und Karotten werden für etwa 3 Minuten leicht angebraten.

Dann Wasser, Gemüsebrühe und Tomaten zusammen in den Topf geben und kochen lassen. Ca. 35 Minuten köcheln lassen und mit Pfeffer und Salz zum Schluss nachwürzen.

Tomaten Gurkensuppe

Zutaten (Zwei Personen)

1 Zwiebel
1 Gurke
300 ml Gemüsebrühe
400 ml Wasser
250 g Tomaten
1 EL Olivenöl
Pfeffer
Salz

Die Zwiebel bitte schälen und klein schneiden. Dann waschen Sie die Gurke und schneiden diese in kleine Scheiben.
Die Tomaten bitte waschen und kleine schneiden.
Dann erhitzt man Öl in einem Topf. Die Zwiebeln werden für etwa 3 Minuten leicht gedünstet.
Dann Wasser, Gemüsebrühe und Tomaten zusammen in den Topf geben und kochen. Etwa 30 Minuten bei mittlerer Temperatur köcheln lassen und mit Pfeffer und Salz würzen.

Lauchsuppe

Zutaten (Zwei Personen)

250 g Lauch
1 Zehe Knoblauch
20 g Schnittlauch
Ein Liter Gemüsebrühe
2 EL Rapsöl
Pfeffer
Salz

Den Lauch gut waschen und klein schneiden. Die Knoblauchzehe schälen und mit einer Gabel zerdrücken. Alles zusammen kommt in einen Topf mit der Gemüsebrühe und muss für etwa eine halbe Stunde kochen. Dabei erst erhitzen und dann die Temperatur reduzieren. Dann geben Sie das Öl dazu und würzen mit Salz und Pfeffer.

Kohlsuppe mit Karotten

Zutaten (Zwei Personen)

250 g Weißkohl
150 g Rotkohl
2 Karotten
300 ml Gemüsebrühe
400 ml Wasser
250 g Tomaten
1 EL Olivenöl
Pfeffer
Salz

Den Weißkohl und Rotkohl waschen und klein schneiden.
Die Karotten ebenfalls bitte waschen, schälen und klein schneiden.
Dann waschen Sie die Tomaten und zerkleinern diese.
Alles zusammen kommt in einen Topf mit Gemüsebrühe und Wasser.

Kochen sie den Inhalt mindestens für eine Stunde. Dabei erst erhitzen und dann nach kurzer Zeit die Temperatur reduzieren.
Gegen Ende der Kochzeit Olivenöl dazu geben.

Dann mit Salz und Pfeffer noch nachwürzen.

Brokkolisuppe mit Knoblauch

Zutaten (Zwei Personen)

250 g Brokkoli
100 g Blumenkohl
1 Knoblauchzehe
20 g Schnittlauch
1 L Gemüsebrühe
2 EL Rapsöl
Petersilie
Pfeffer
Salz

Der Blumenkohl und der Brokkoli werden erst gut gewaschen und in Röschen zerteilt. Die Knoblauchzehe schälen und klein schneiden. Einen Topf mit Gemüsebrühe erhitzen, dann den Brokkoli und Blumenkohl dazugeben. Nachdem der Inhalt etwa eine halbe Stunde gekocht wurde, geben Sie den Knoblauch, das Rapsöl und den Schnittlauch dazu. Danach noch einmal eine halbe Stunde köcheln lassen und mit Pfeffer und Salz würzen. Mit etwas Petersilie zum Schluss garnieren.

Kraft-Kartoffelsuppe

Zutaten (Zwei Personen)

6 Kartoffeln
2 Zwiebeln
300 g Lauch
1 Knoblauchzehe
20 g Schnittlauch
Ein Liter Gemüsebrühe
2 EL Rapsöl
Petersilie
Pfeffer
Salz

Die Kartoffeln bitte schälen, zerkleinern und in einem Topf mit Wasser kochen.
Währenddessen können Sie die Zwiebeln schälen und klein schneiden. Den Lauch waschen und klein schneiden. Den Knoblauch schälen und zerkleinern. Dann nehmen Sie die Kartoffeln vom Herd und zerstampfen diese zu einer breiigen Masse. Diese kommt mit der Gemüsebrühe in den Topf und wird gekocht. Geben Sie den Lauch, die Zwiebeln und den Knoblauch dazu und vermischen alles gut. Dann noch Rapsöl und Schnittlauch dazu geben und für etwa eine Stunde köcheln lassen. Zum Schluss kommt noch Petersilie hinzu. Mit Pfeffer und Salz würzen und servieren. Diese Suppe weckt die Lebensgeister in Ihnen. Sie kann an den nächsten Tagen auch noch konsumiert werden, wenn sie gekühlt aufbewahrt wird.

Dessert

Spaß und Freude gehören zum Leben. Das gilt auch für eine gesunde Ernährung. Trotz gesunder Lebensweise und Ernährung muss niemand auf leckere Desserts verzichten.
Gesundes Essen mit Spaß? Das funktioniert gut mit Gemüse und Obst in allen Variationen. Die Rezepte eignen sich auch für kleine Zwischenmahlzeiten, oder wenn es wirklich schnell gehen muss. Eine gesunde Ernährung bedeutet nicht Verzicht, sondern eher Bereicherung im Speiseplan.

Spinat-Cocktail

Zutaten (Eine Person)

200 ml Spinatsaft
1 Orange
1TL Zimt

Die Orange wird geschält, entkernt und in kleine Stücke geschnitten. Mit dem Spinatsaft kommt die Orange und der Zimt in den Mixer. Anschließend noch mit Eiswürfel ergänzen.

Bananen-Smoothie mit Beeren

Zutaten (Eine Person)

1 Banane
30 g Himbeeren
30 g Heidelbeeren
200 ml Mineralwasser
1 TL Rapsöl

Die Banane bitte schälen und klein schneiden. Die Beeren waschen und zusammen mit dem Rapsöl in den Mixer geben. Dann alles gut vermischen.

Aprikosendrink

Zutaten (Eine Person)

1 Aprikose
200 ml Mineralwasser
50 g Chinakohl
1 TL Zimt
½ TL Curry

Die Aprikose waschen und zerteilen. Den Chinakohl waschen, in kleine Stücke schneiden. Alles zusammen mit Mineralwasser, Zimt und Curry in den mixen geben und gut vermischen.

Pfirsich Birne-Smoothie

Zutaten (Eine Person)

1 Pfirsich
1 Birne
200 ml Mineralwasser
1TL Zimt
1TL Curry

Den Pfirsich und die Birne waschen und in kleine Stücke schneiden. Dann geben Sie die Fruchtstücke, das Mineralwasser in den Mixer zum Vermischen. Anschließend kommen noch Zimt und Curry hinzu. Noch einmal kurz mischen und dann servieren. Sollte der Mix zu zähflüssig sein, etwas Mineralwasser nachgießen.

Spinat-Smoothie

Zutaten (Eine Person)

1 Limette
50g Spinat
10 g Schnittlauch
200 ml Mineralwasser
1 Minze

Erst wir der Spinat gewaschen und klein geschnitten. Dann schälen Sie die Limette, entfernen möglichst alle weißen Bestandteile der Schale und schneiden sie ebenfalls klein. Schnittlauch waschen und auch bitte klein schneiden.
Alles zusammen in den Mixer geben und gut vermischen. Zum Schluss den Smoothie noch mit Minze garnieren.

Dark Green-Smoothie

Zutaten (Eine Person)

50 g Feldsalat
50 g Kopfsalat
50 g Krautsalat
1 Tomate
100 g Gurke
200 ml Mineralwasser
1TL Zimt
1 TL Rapsöl
1TL Curry

Den Salat waschen und klein schneiden. Die Tomate ebenfalls waschen und klein schneiden. Die Gurke wird auch gewaschen und in Scheiben geschnitten. Dann bitte alles zusammen in den Mixer geben. Mineralwasser zugießen, dann Zimt, Öl und den Curry dazu geben und vermischen.

Salat-Smoothie mit Zitrone und Orange

Zutaten (Eine Person)

50 g Kopfsalat
50 g Eisbergsalat
50 g Feldsalat
1 halbe Zitrone
1 Orange (süß)
250 ml Mineralwasser
1 Minze

Hier haben wir eine etwas „härtere“ Variante eines Gemüsefrucht-Smoothies. Den Salat gut waschen und zerkleinern. Die Zitrone bitte in zwei Hälften schneiden und eine Hälfte über dem Mixer auspressen. Die Orange schälen, entkernen und klein schneiden. Alles kommt mit dem Mineralwasser in den Mixer und wird gut vermischt. Das Ergebnis wird noch mit Minze nach Bedarf garniert.

Gurken-Smoothie

Zutaten (Eine Person)

1 Apfel (süß)
½ Gurke
30 g Kopfsalat
2 Scheiben Ingwer
200 ml Mineralwasser
1 TL Rapsöl

Den Apfel waschen und zerkleinern. Die Gurke wird gewaschen und in Scheiben geschnitten. Der Kopfsalat wird ebenfalls gewaschen und zerkleinert. Nun schälen Sie den Ingwer und schneiden zwei Scheiben von einer frischen Knolle ab.
Alles zusammen mit dem Rapsöl und dem Wasser kommt in den Mixer und wird gut vermischt.

Himbeere-Smoothie

Zutaten (Eine Person)

40 g Himbeeren
1 Aprikose
20 g Kopfsalat
200 ml Mineralwasser
1 Minze
1 TL Rapsöl

Waschen Sie die Himbeeren und die Aprikose. Diese wird entkernt und klein geschnitten. Der Kopfsalat wird auch gewaschen und zerkleinert. Nun geben Sie alles in den Mixer und schütten das Öl hinein. Dann gut vermischen und mit der Minze garnieren.

Erdbeere-Smoothie

Zutaten (Eine Person)

8 Erdbeeren
1 Apfel
50 g Eisbergsalat
200 ml Mineralwasser
1 TL Sesamöl

Den Apfel waschen und klein schneiden. Die Erdbeeren werden natürlich auch gewaschen und gründlich gereinigt. Ebenso gilt dies für den Salat, der zerkleinert wird. Alles in den Mixer geben und vermischen.

Bananencreme-Smoothie

Zutaten (Eine Person)

1 Banane
1 Birne
80 ml Sojamilch
20 ml Sahne (fett)
100 ml Mineralwasser
1 TL Rapsöl
1TL Zimt

Die Banane schälen und klein schneiden. Die reife Birne waschen und klein schneiden. Die Sojamilch, Zimt, Rapsöl und die Sahne mit dem Wasser in den Mixer geben. Dann noch die Banane und die Birne dazu geben und gut vermischen.

Dunkler-Schoko-Smoothie

Zutaten (Eine Person)

30 g dunkle Schokolade (mindestens 70 % Kakaoanteil)
1 Banane
100 ml Sojamilch
20 ml Sahne
100 ml Mineralwasser
1TL Zimt
1TL Rapsöl

Die Schokolade bitte zerhacken. Die Banane schälen und klein schneiden, dann zusammen mit der Schokolade, der Sojamilch und der Sahne in den Mixer geben. Mineralwasser, Zimt und Rapsöl dazu geben und gut vermischen.

Green-India-Smoothie

Zutaten (Eine Person)

50 g Kopfsalat
50 g Chinakohl
50 g Eisbergsalat
1 Tomate
100 g Gurke
200 ml Mineralwasser
1TL Zimt
1 TL Rapsöl
1TL Curry

Den Salat waschen und klein schneiden. Die Tomate ebenfalls waschen und klein schneiden. Die Gurke wird auch gewaschen und in Scheiben geschnitten. Dann bitte alles zusammen in den Mixer geben. Mineralwasser zugießen, dann Zimt, Öl und den Curry dazu geben und vermischen.

Zucchini-Smoothie

Zutaten (Eine Person)

1 Apfel (süß)
½ Zucchini
30 g Kopfsalat
2 Scheiben Ingwer
200 ml Mineralwasser
1 TL Rapsöl

Den Apfel waschen und zerkleinern. Die Zucchini wird gewaschen und in Scheiben geschnitten. Der Kopfsalat wird ebenfalls gewaschen und zerkleinert. Nun schälen Sie den Ingwer und schneiden zwei Scheiben von einer frischen Knolle ab. Alles zusammen mit dem Rapsöl und dem Wasser kommt in den Mixer und wird gut vermischt.

Apfel-Smoothie

Zutaten (Eine Person)

1 Apfel
1 halbe Gurke
Ein wenig Petersilie
1 kleines Stück Ingwer
20 ml Zitronensaft
1TL Leinöl
Wasser

Den gewaschenen Apfel, die Gurke und die Petersilie in kleinen Stücken schneiden und mit dem Leinöl, dem geschälten klein gehackten Ingwer dem Zitronensaft und Wasser in den Mixer geben und gut mischen.

Nektarinen Kiwi Quark

Zutaten (Eine Person)

130 g Nektarinen
80 g Kiwi
120 g Quark (mager)
etwas Wasser
2TL Joghurt
Zitronensaft
20 g Sesamsamen

Die Nektarine und die Kiwi sollten gewaschen werden. Dann schneiden Sie die Nektarine in kleine Stücke. Die Kiwi bitte schälen und ebenfalls in kleine Stücke schneiden. Dann den Quark mit Wasser und Joghurt vermischen. Anschließend etwas Zitronensaft und die Nektarine plus Kiwi in die Masse geben und noch einmal mischen. Dann mit Sesamsamen bestreuen und servieren.

Pfirsich-Trauben-Smoothie

Zutaten (Eine Person)

240 g Pfirsiche
6 rote Weintrauben ohne Kerne
1 halbe Nektarine
150 ml Mineralwasser
Minze
1 TL Rapsöl
1TL Zitronensaft

Die Pfirsiche gut waschen und in kleine Stücke schneiden.
Die Weintrauben ebenfalls waschen. Die Nektarine auch gut waschen und aufschneiden. Alles zusammen kommt mit dem Mineralwasser in den Mixer. Geben Sie noch das Öl und den Zitronensaft dazu. Dann vermischen. Zum Schluss garnieren Sie noch mit Minze.

Melonen-Smoothie mit Apfel

Zutaten (Eine Person)

200 g Wassermelone
1 Apfel
150 ml Mineralwasser
Minze
1 TL Rapsöl
1TL Zitronensaft
1 TL Zimt

Die Wassermelone klein schneiden und Kerne entfernen. Der Apfel wird gewaschen und in kleine Stücke geschnitten. Dann alles zusammen mit dem Öl, Wasser, Zitronensaft und Zimt in den Mixer geben und vermischen. Die Minze dient zum Garnieren.

Feuer-Smoothie

Zutaten (Eine Person)

200 g Galia Melone
1 Birne
150 ml Mineralwasser
Minze
1 TL Rapsöl
1TL Zitronensaft
1 TL Zimt
¼ TL Cayenne Pfeffer

Durch den Cayenne Pfeffer wird dieser Smoothie scharf. Er eignet sich also nur für Personen, die generell mit Schärfe kein Problem haben. Wer vorsichtig sein möchte, reduziert die Menge des Pfeffers entsprechend.

Die Melone hälftig aufschneiden und mit dem Löffel das Fruchtfleisch (nicht die Kerne) ausschälen. Die Birne wird gewaschen und klein geschnitten. Dann bitte die Birne und Melone plus Mineralwasser Rapsöl und Zitronensaft in den Mixer geben und vermischen. Nun kommen noch Zimt und der Cayenne Pfeffer dazu. Noch einmal kurz vermischen.

Honigmelonen-Smoothie

Zutaten (Eine Person)

200 g Honigmelone
1 Birne
150 ml Mineralwasser
Minze
1 TL Rapsöl
1TL Zitronensaft
1 TL Zimt

Schneiden Sie die Honigmelone auf und schälen sie das Fruchtfleisch ohne Kerne heraus. Die Birne bitte waschen und klein schneiden. Alles zusammen kommt mit dem Rapsöl, Wasser, Zitronensaft und Zimt in den Mixer. Dann gut vermischen. Zum Schluss mit Minze garnieren und servieren.

Melonen-Smoothie mit Weintrauben

Zutaten (Eine Person)

240 g Wassermelone
5 Weintrauben ohne Kerne
Eine halbe Nektarine
150 ml Mineralwasser
Minze
1 TL Rapsöl
1TL Zitronensaft

Die Wassermelone bitte aufschneiden und das Fruchtfleisch ausschälen. Die Weintrauben gut waschen. Die Nektarine ebenfalls gut waschen und aufschneiden. Alles zusammen kommt mit dem Mineralwasser in den Mixer. Geben Sie noch das Öl und den Zitronensaft dazu. Dann vermischen. Zum Schluss garnieren Sie noch mit Minze.

Heidelbeeren-Avocado-Smoothie

Zutaten (Eine Person)

100 g Heidelbeeren
1 Banane
50 g Salat (Kopfsalat)
2 EL Leinsamen
300 ml Wasser
½ TL Zimt

Die Heidelbeeren werden gut gewaschen. Banane bitte schälen und in kleine Scheiben schneiden. Der Salat wird gewaschen und zerkleinert. Dann bitte alles in den Mixer geben und mit Wasser, Leinsamen und Zimt vermischen.

Himbeere-Quark

Zutaten (Eine Person)

120 g Himbeeren
120 g Quark (mager)
etwas Wasser
2TL Joghurt
Zitronensaft
Minze

Die Himbeeren erst gut waschen. Dann den Quark mit Wasser und Joghurt vermischen. Anschließend etwas Zitronensaft und die Himbeeren in die Masse geben und noch einmal mischen. Dann mit Minze garnieren und servieren.

Orientalische Fruchtcreme

Zutaten (Eine Person)

1 Mango
1 kleine Honigmelone
10 g Ingwer
1 TL Zimt
1 TL Curry
40 g Quark (mager)
100 g Naturjoghurt

Die Mango und die Honigmelone aufschneiden und mit einem Löffel das Fruchtfleisch in eine Schüssel geben. Den Quark plus Joghurt dazu geben und pürieren. Dann den Ingwer klein schneiden und auch dazu geben. Zimt und Curry einstreuen und dann noch einmal pürieren.

Pfirsich-Aprikosenquark

Zutaten (Eine Person)

1 Pfirsich (süß)
1 reife Aprikose
120 g Quark (mager)
etwas Wasser
2TL Joghurt
Zitronensaft
Minze
1 Dattel

Die Aprikose und den Pfirsich erst gut waschen und kleinschneiden. Dann den Quark mit Wasser und Joghurt vermischen. Anschließend etwas Zitronensaft und den Pfirsich plus Aprikose in die Masse geben und noch einmal mischen. Die Dattel schneiden Sie bitte klein und geben diese dazu. Dann mit Minze garnieren und servieren.

Avocadocreme mit Birne

Zutaten (Eine Person)

1Avocado
2 Birnen
1EL Zitronensaft
50 g Quark (mager)
100 g Naturjoghurt
etwas Wasser
1 TL Zimt
1 Dattel

Die Avocado aufschneiden, das Fruchtfleisch mit einem Löffel ausschälen und in eine Schüssel geben. Die Birnen werden gewaschen und in kleine Stücke geschnitten. Dann den Quark und das Joghurt dazu geben und mit etwas Wasser vermischen bzw. pürieren. Die Birnen nun in die Schüssel gegen und noch einmal pürieren. Jetzt schneiden Sie die Dattel klein und geben diese dazu. Zuletzt den Zitronensaft und Zimt einstreuen und erneut vermischen.

Obstsalat mit Nuss

Zutaten ((Zwei Personen)

1 Orange
1 Apfel
1 Nektarine
1 Pfirsich
1EL Zitronensaft
1 EL Leinöl
½ TL Zimt
25 g Cashwkerne
20 g Mandeln

Die Orange schälen, klein schneiden und entkernen. Den Apfel, die Nektarine und den Pfirsich waschen und klein schneiden. Alles zusammen kommt in eine Schüssel. Dann geben Sie den Zitronensaft, das Leinöl plus Zimt dazu und mischen gut durch.
Anschließend rösten Sie die zerkleinerten Nüsse in einer kleinen Pfanne kurz an und geben diese dann in den Obstsalat.

Pfirsich-Birnenquark

Zutaten (Eine Person)

100 g Pfirsich
100 g Birne
120 g Quark (mager)
etwas Wasser
2TL Joghurt
Zitronensaft
20 g Sesamsamen

Der Pfirsich und die Birne müssen gut gewaschen werden. Dann bitte entkernen und zerteilen. Nun den Quark mit Wasser und Joghurt vermischen. Anschließend etwas Zitronensaft, den Pfirsich und die Birne in die Masse geben und noch einmal mischen. Dann mit Sesamsamen bestreuen und servieren.

Mangocreme

Zutaten (Eine Person)

50 g Quark
30 ml Sahne
Eine halbe Mango
1 EL Olivenöl

Die Mango wird zuerst geschält, entkernt und zerkleinert. Dann die Mango, den Quark, die Sahne und das Olivenöl in den Mixer geben und gut mischen.

Joghurt pikant

Zutaten (Eine Person)

1 Naturjoghurt
1TL Leinöl
1/2 TL Curry
1 Scheibe Ingwer (frisch)
1TL Zimt
Stevia

Den Ingwer schälen und eine kleine Scheibe abschneiden. Diese klein hacken und in den Joghurt geben. Dann folgen Curry, Leinöl und Zimt. Gut vermischen. Je nach Bedarf mit wenig Stevia süßer gestalten.

Milder Obstsalat

Zutaten (Eine Person)

1 Banane
1 Nektarine
1 Pfirsich
1EL Zitronensaft
1 EL Leinöl
½ TL Zimt
25 g Cashwkerne

Erst schälen und zerteilen Sie die Banane. Dann werden die Nektarine sowie der Pfirsich gewaschen und klein geschnitten. Geben Sie alles zusammen in eine Schüssel. Dann folgen der Zitronensaft und das Leinöl. Bitte gut vermischen und noch Zimt dazu geben. Die Cashewkerne darüber streuen und servieren.

Bananen-Mix mit Joghurt

Zutaten (Zwei Personen)

2 kleine Bananen
200 g Joghurt (1,5%)
1 EL Limettensaft
1 EL Leinöl
½ TL Zimt

Erst werden die Bananen geschält und in Scheiben klein geschnitten. Dann mischen Sie das Leinöl in den Joghurt und geben es über die Bananenscheiben. Anschließend streuen sie Zimt darüber.

Heidelbeeren-Quark

Zutaten (Eine Person)

150 g Heidelbeeren
120 g Quark (mager)
etwas Wasser
2TL Joghurt
Zitronensaft
20 g Sesamsamen

Die Heidelbeeren müssen gut gewaschen werden. Dann den Quark mit Wasser und Joghurt vermischen. Anschließend etwas Zitronensaft und die Heidelbeeren in die Masse geben und noch einmal mischen. Dann mit Sesamsamen bestreuen und servieren.

Nektarinencreme

Zutaten (Eine Person)

70 g Quark (mager)
30 ml Sahne
1 Nektarine
1 EL Olivenöl
20 g Hanfsamen

Die Nektarine wird zuerst gewaschen, entkernt und zerkleinert. Dann die Nektarine, den Quark, die Sahne und das Olivenöl in den Mixer geben und gut mischen. Den Hanfsamen dann über die Creme streuen.

Apfel-Birnen-Mix

Zutaten (Eine Person)

1 Apfel
1 große Birne
25 g Mandeln
200 g Joghurt (1,5%)
1 EL Leinöl
½ TL Zimt

Den Apfel und die Birne bitte waschen und klein schneiden. Die Mandeln werden zerhackt. Nun geben Sie alles in eine Schüssel und rühren den Jogurt mit dem Leinöl unter. Dann noch Zimt darüber streuen und servieren.

Bananenshake

Zutaten (Eine Person)

2 kleine Bananen
400 ml Milch (1,5 % Fett)
1 TL Leinöl
1 TL Zimt
1/2 TL Curry
20 g Leinsamen
10 g Hanfsamen

Zuerst schälen Sie die Bananen. Dann schütten Sie die Milch zusammen mit den Bananen in den Mixer und mischen gut durch. Es folgen Zimt Curry, Leinsamen und Hanfsamen. Noch einmal kurz vermischen.

Erdbeerenquark

Zutaten (Eine Person)

150 g Erdbeeren
120 g Quark (mager)
etwas Wasser
2TL Joghurt
Zitronensaft
Minze

Die Erdbeeren müssen gut gewaschen werden. Dann den Quark mit Wasser und Joghurt vermischen. Anschließend etwas Zitronensaft und die Erdbeeren in die Masse geben und noch einmal mischen. Dann mit Minze garnieren und servieren.

Brombeerenquark

Zutaten (Eine Person)

150 g Brombeeren
120 g Quark (mager)
etwas Wasser
2TL Joghurt
Zitronensaft
20 g Sesamsamen

Die Brombeeren müssen gut gewaschen werden. Dann den Quark mit Wasser und Joghurt vermischen. Anschließend etwas Zitronensaft und die Brombeeren in die Masse geben und noch einmal mischen. Dann mit Sesamsamen bestreuen und servieren.

Himbeere-Melonencreme

Zutaten (Eine Person)

70 g Quark (mager)
30 ml Sahne
100g Himbeeren
150 g Wassermelone
1 EL Olivenöl
20 g Hanfsamen

Die Himbeeren werden zuerst gewaschen und zerkleinert. Die Melone schneiden Sie auf und schälen das Fruchtfleisch mit dem Löffeln heraus.
Dann die Himbeeren, Melone, den Quark, die Sahne und das Olivenöl in den Mixer geben und gut mischen. Den Hanfsamen dann über die Creme streuen.

Nahrungsergänzung

Wer zusätzlich zur idealen Ernährung noch etwas tun möchte, kann Nahrungsergänzung zu sich nehmen. Gute Resultate erzielen Konsumenten von Arginin, weil dieser Stoff die Produktion von Stickstoff fördert und damit die Gefäße dehnt bzw. erweitert.

Auf jeden Fall ist der Konsum von Magnesium (400 mg pro Tag) zu empfehlen. Das Herz wird gestärkt. Die Reizübertragung an die Muskeln funktioniert dann besser. Weiterhin sollten Sie regelmäßig Vitamin D zu sich nehmen.

Auch die Einnahme von Omega 3 Fettsäuren kann empfehlenswert sein, wenn man Leinöl oder Rapsöl nicht mag, oder nur wenig davon zu sich nehmen kann. Diese Fettsäuren sind ein entscheidender Faktor bei der Bekämpfung von Entzündungen im Körper. Falls sie zu wenig erhalten, ist eine Ergänzung der Nahrung mit geeigneten Präparaten auf jeden Fall sinnvoll.

Weiterhin kann Nattokinase helfen. Natto ist eine japanische Speise aus fermentierten Sojabohnen. Natto hält das Blut flüssig und verhindert Blutgerinnsel.
Sollten Sie bereits Blutverdünner einnehmen müssen, ist die Konsultation Ihres Arztes natürlich notwendig, bevor Natto konsumiert wird. Nattokinase ist praktisch ein natürlicher Blutverdünner, der keine Nebenwirkungen zeigt.

Achtung!
Statine wurden in der Vergangenheit oft verschrieben, wenn der Cholesterinspiegel zu hoch erschien. Mittlerweile gibt es durchaus Spezialisten, die der Rolle des Cholesterins bei Arteriosklerose nicht die hauptsächliche Bedeutung zumessen. Sollten Sie bereits Statine einnehmen, ist eine Beschäftigung mit den Nebenwirkungen (u.a. eventuelle Begünstigung der Demenz) unbedingt anzuraten. Das Gehirn braucht Cholesterin!

Bildnachweise:

Seite 39 Stock-Fotografie-ID:695622598- juefraphoto
Seite 40 Stock-Fotografie-ID:845228376, Almaje
Seite 45 Stock-Fotografie-ID:818390968, goodmoments
Seite 46 Stock-Fotografie-ID:1179961776, Tatiana Volgutova
Seite 50 Stock-Fotografie-ID:528628612, NinaMarya
Seite 58 Stock-Fotografie-ID:854595860, OksanaKiian
Seite 62 Stock-Fotografie-ID:1172185559, Drbouz
Seite 66 Stock-Fotografie-ID:499470279, sbossert
Seite 71 Stock-Fotografie-ID:945354472, vertmedia
Seite 74 Stock-Fotografie-ID:535238385, KatharinaRau
Seite 78 Stock-Fotografie-ID:665870110, ArtSvitlyna
Seite 84 Stock-Fotografie-ID:697362026, Sabrina Dr. Cercelovic
Seite 90 Stock-Fotografie-ID:464580099, PeJo29
Seite 97 Stock-Fotografie-ID:1059464400, tashanat7519
Seite 101 Stock-Fotografie-ID:178725454, Yulia_Davidovich
Seite 109 Stock-Fotografie-ID:115807829, Максим Крысанов
Seite 119 Stock-Fotografie-ID:495689669, zeleno
Seite 124 Stock-Fotografie-ID:513652395, HandmadePictures
Seite 129 Stock-Fotografie-ID:1168393703, PavelKant
Seite 137 Stock-Fotografie-ID:910628226, Arx0nt
Seite 141 Stock-Fotografie-ID:1016077154, artisteer
Seite 148 Stock-Fotografie-ID:905449452, zefirchik06
Seite 155 Stock-Fotografie-ID:1056675358, Roxiller
Seite 160 Stock-Fotografie-ID:700776962, wmaster890